UN GRAND week-end

ATHÈNES

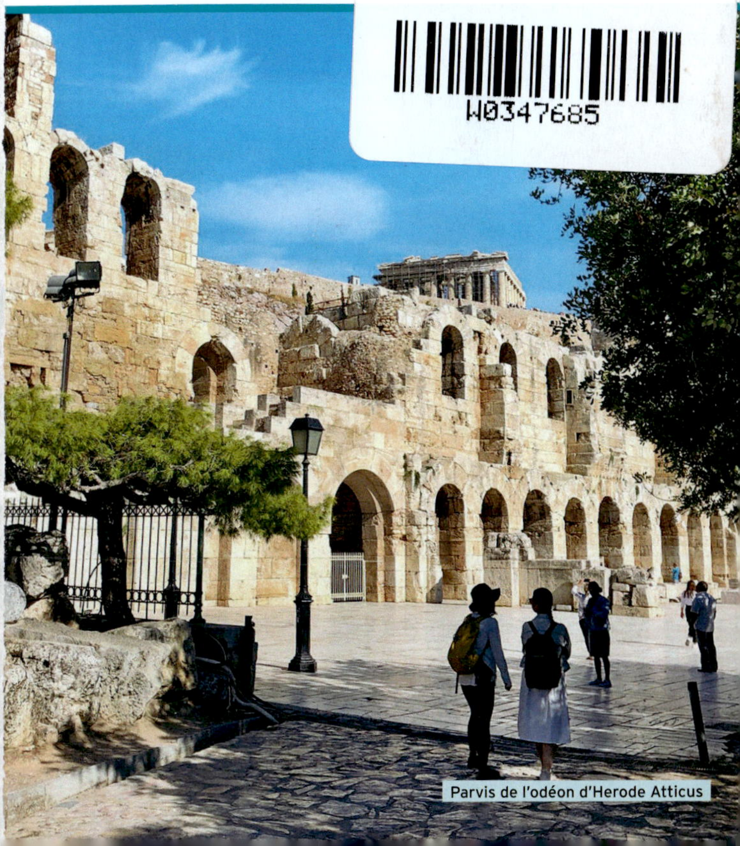

Parvis de l'odéon d'Herode Atticus

Athènes a tout pour plaire : un climat idéal - l'été est si long que l'hiver passe inaperçu -, des plages où se prélasser au bord d'une mer limpide à vingt minutes du centre-ville, une vie culturelle intense - et pas seulement les sites archéologiques que tout le monde connaît par cœur sans même s'y rendre -, des plaisirs gastronomiques, des boutiques où flâner, des terrasses où buller, des Athéniens et des Athéniennes à rencontrer autour d'un café frappé, et des cinémas sous les étoiles...

L'église Kapnikarea à Monastiraki

Spécialiste des îles méditerranéennes, journaliste (notamment pour *Le Figaro Magazine* et *Géo*) et auteur chevronnée pour les guides Hachette, **Maud Vidal-Naquet** vit en Grèce... sur une île très proche d'Athènes. La capitale grecque la passionne et l'émerveille : que ce soit par son bouillonnement culturel, sa douceur de vivre ou bien sûr son histoire et ses monuments anciens. Pour ce guide, elle a déniché une multitude de nouvelles adresses et rencontré de jeunes talents – chefs cuisiniers, créateurs, entrepreneurs –, qui font vibrer Athènes.

Jérôme Plon est à la fois réalisateur et photographe, notamment pour la collection Un Grand Week-end. À Athènes, il a aimé remonter le temps sous le soleil de l'Acropole, le laisser filer dans les ruelles de Plaka, et l'oublier dans les nuits de Gazi.

Un Grand Week-end sur les réseaux sociaux

Suivez-nous sur *Facebook*, *Twitter* et *Instagram* **@Ungrandweekend**

Vous y trouverez nos photos coups de cœur, nos expériences uniques et surtout une réponse personnalisée à toutes vos questions.

Et si vous y contribuiez ? Nous aimons beaucoup voir nos guides en voyage : postez une photo de votre guide en situation et taguez-nous, nous partagerons les plus belles photos et récompenserons régulièrement les plus appréciées.

Les incontournables D'ATHÈNES

L'ACROPOLE

C'est le symbole d'Athènes et de la civilisation occidentale. Surplombant la ville comme une forteresse, le rocher sacré incarne le rayonnement de la cité grecque. Il est couvert de monuments emblématiques (le Parthénon, l'Érechtéion, le temple d'Athéna Nikè...). Voir p. 24.

PLAKA

Contre le flanc de l'Acropole se blottit le quartier le plus ancien et le plus charmant d'Athènes : un enchevêtrement de maisons coiffées de tuiles rouges, de ruelles en escaliers, de petits cafés et tavernes cachés. Voir p. 34.

LE STADE PANATHÉNAÏQUE

Le stade de marbre d'Athènes est majestueux. Édifié dans l'Antiquité à flanc de colline, il peut accueillir 70 000 spectateurs. Au XIXe s., il a été entièrement reconstruit pour recevoir les premiers jeux Olympiques modernes en 1896. Voir p. 67.

LE MUSÉE DE L'ACROPOLE

Tout de verre, de béton et d'acier, le musée expose la statuaire retrouvée sur l'Acropole. On se balade au milieu d'une forêt de statues antiques – dont le souriant Moschopore, le porteur de veau – avant de grimper au dernier étage où la fameuse frise du Parthénon a été reconstituée. Voir p. 28.

LE MUSÉE BENAKI

5 000 ans d'histoire grecque sont réunis dans une magnifique maison néoclassique. De l'âge du bronze au début du XXe s., les chefs-d'œuvre défilent : couronnes d'or mycéniennes, sculptures et céramiques antiques, mosaïques romaines, icônes byzantines, costumes de la Grèce révolutionnaire... Voir p. 70.

LA COLLINE DU LYCABETTE

Du haut de ses 278 m, la colline domine tout le centre d'Athènes. On y grimpe en funiculaire, pour admirer la vue sur la ville, l'Acropole, la mer et les îles, et l'on s'attarde dans la chapelle Saint-Georges avant de redescendre en flânant entre les oliviers et les figuiers de Barbarie. Voir p. 73.

L'ANCIENNE AGORA

C'est ici que les affaires publiques étaient réglées. Ce qui fut le centre trépidant de la cité antique est aujourd'hui un jardin romantique. On déambule entre les temples - dont le magnifique Thession -, le Bouleutérion, qui fut le conseil de la ville, les pins et les oliviers. Voir p. 42.

LE MUSÉE D'ART CYCLADIQUE

On connaît bien peu de choses de cette civilisation qui rayonnait dans les Cyclades il y a 5 000 ans. Pourtant, elle nous a laissé des idoles de marbre éblouissantes de modernité. La fondation Goulandris abrite une collection superbement présentée. Voir p. 69.

LE JARDIN NATIONAL

Cette oasis de sérénité au cœur de la ville fut achevée en 1860. Les Athéniens la doivent au roi Othon Ier. 16 ha de verdure, 500 essences différentes, des bassins, des kiosques et des sculptures. Et même un petit café caché. Voir p. 61.

LE MUSÉE ARCHÉOLOGIQUE NATIONAL

Riche de 20 000 objets, ce musée expose la plus grande concentration de chefs-d'œuvre de l'art antique : le masque funéraire en or d'Agamemnon, le joueur de harpe et de flûte d'Amorgos, le jeune jockey en bronze ou les fresques vivantes d'Akrotiri… Voir p. 79.

10 expériences UNIQUES

PRENDRE UN VERRE AVEC VUE

S'échapper d'une ruelle trépidante et prendre de la hauteur pour siroter un cocktail en s'extasiant sur la vue : en face de nous, l'Acropole émerge telle une île au-dessus des toits de la ville. Les rooftops ont fleuri dans la capitale ! Voir p. 136.

SE FAIRE UNE TOILE SOUS LES ÉTOILES

Dès le retour de la belle saison, les cinémas en plein air rouvrent leurs portes. Dans un jardin, comme à Aegli Zappiou, ou sur un toit-terrasse avec vue sur l'Acropole comme au Ciné Paris, on savoure blockbusters, comédies et classiques en v.o. Voir p. 62 et 38.

ALLER AU THÉÂTRE ANTIQUE

4 680 spectateurs sous le Parthénon ! Pendant le Festival d'Athènes, l'odéon d'Hérode Atticus accueille opéras, spectacles et concerts du monde entier. Assis sur les gradins adossés à l'Acropole, on retient son souffle comme les Grecs dans l'Antiquité. Voir p. 25 et 131.

DÉGUSTER DES VINS GRECS

Les bars à vins se sont multipliés dans la capitale. On y goûte le meilleur du terroir grec : blanc de Santorin, rouge charpenté de Naoussa... accompagné de charcuterie ou de fromages locaux, divin ! Voir p. 144.

ALLER À L'OPÉRA NATIONAL

Dans la magnifique Fondation Niarchos due à Renzo Piano, l'Opéra national et sa salle aternative sont deux bijoux de modernité à l'accoustique exceptionnelle. Ils proposent une programmation audacieuse à petits prix. Voir p. 86.

PLONGER DANS UN SPA NATUREL

Le lac de Vouliagmeni offre un cadre spectaculaire pour se baigner. Sous les falaises, on barbotte dans cette dépression proche de la mer, dans une eau thermale et salée aux nombreuses vertus, et à une température de 20° hiver comme été. Voir p. 91.

S'OFFRIR LA PLUS BELLE VUE D'ATHÈNES

On grimpe au sommet de Philopappou, le poumon vert de la capitale : ses 70 ha ondulent sur trois collines. La vue à 360° est époustouflante. Devant nos yeux : le Parthénon, plus majestueux que jamais, posé sur une mer d'oliviers. Voir p. 30.

PISTER LES ŒUVRES DE STREET ART

La crise a libéré la créativité et d'immenses fresques fleurissent sur les murs de la ville. « *Wake up !* » hurle dans un porte-voix une petite fille dessinée. Athènes est aujourd'hui l'une des capitales mondiales du street art. Voir p. 51.

PLONGER DANS LE VENTRE D'ATHÈNES

Dans les allées du marché central, des montagnes de poissons brillent entre les poulpes et les crevettes, tandis que du côté boucherie, morceaux d'agneau et de poulet s'amoncèlent sur les étals. Voir p. 50.

SE CROIRE DANS LES CYCLADES

Enchevêtrement de maisons blanchies à la chaux, ruelles fleuries en escaliers... : sur le flanc de l'Acropole, le micro-quartier d'Anafiotika évoque à s'y méprendre un village cycladique. Normal, ce sont des descendants d'habitants de Santorin et d'Anafi qui l'ont fondé. Voir p. 35.

Activités
100% LOCALES

REVIVRE LES MYTHES FONDATEURS D'ATHÈNES

En suivant une visite d'**Alternative Athens**, on découvre la ville de manière vivante et passionnante, et comment la cité grecque est devenue le berceau de la démocratie et le symbole de notre civilisation occidentale. (**p. 184**).

ÉCOUTER JOUER DU RÉBÉTIKO

Le blues grec est joué dans quelques tavernes traditionnelles : bouzouki, guitare et parfois violon ou accordéon accompagnent des chants lancinants. Les Grecs reprennent en cœur les chansons et n'hésitent pas à se lever pour danser en solo. (**p. 151**).

SE BALADER À VÉLO ÉLECTRIQUE

Et découvrir l'essentiel d'Athènes (l'Agora, les maisons néoclassiques de Plaka, le jardin national...) sans se fatiguer et avec les commentaires d'un guide. C'est ce que propose **Solebike**. 11 rue Lempesi, M° Acropolis ☎ 210 92 15 620, **www.solebike.eu**, 45 € le tour classique de 3h, 65 € le tour de 4h incluant la visite du marché central et un déjeuner léger.

FAIRE DU YOGA SUR LE LYCABETTE

Deena, professeur de yoga, vous permet de concilier la visite des collines du Lycabette ou de Philopapou avec une séance de yoga, tout en contemplant l'Acropole.
www.urbanyogisofathens.com, 4h, boisson et snack inclus, 40€.

SE FAIRE FAIRE DES SOINS DE BEAUTÉ SUR MESURE

Une belle expérience proposée par le **concept store d'Apivita**, avec des produits cométiques haut de gamme, 100% grecs, à base de miel et de plantes naturelles. La boutique de Kolonaki recèle aussi un bar à jus, un coiffeur et un Spa. Une halte apaisante ! (**p. 171**).

PRENDRE UN BAIN DANS LA MER ÉGÉE

Athènes est une ville passionnante et trépidante... mais bien souvent suffocante. Vous avez envie de piquer une tête ? Direction les plages de Voula à Glyfada : populaires, bon marché et bien entretenues, elles sont évidemment très fréquentées. Vous pouvez aussi pousser plus loin sur la riviera athénienne (Visite 12).

Glyfada et Voula sont accessibles en métro (ligne M2), tram et bus. Accès payant aux plages, gratuit pour les moins de 6 ans.

Un grand week-end SUR MESURE

Première fois à Athènes ?

Suivez notre programme pour ne rien rater des incontournables d'Athènes... Nous avons découpé la ville en 12 quartiers et une excursion sur l'île d'Égine. Évidemment, en trois jours, vous ne pourrez pas faire toutes ces balades. À vous de voir si vous voulez remplacer telle visite par une autre en fonction de vos centres d'intérêt.

PREMIER JOUR

➡ Commencez tôt par la visite de l'Acropole (quartier 1), pour profiter des temples et de la vue sans la foule. En sortant, filez vers la colline de Philopappou : du sommet, vous aurez la plus belle vue sur le Parthénon. Ensuite, direction le musée de l'Acropole pour y apprécier toute la statutaire retrouvée sur le rocher sacré.

Acropole

Colline de Philopappou

➡ Déjeunez sur la magnifique terrasse du musée ou goûtez à la cuisine grecque moderne dans l'un des restaurants du quartier. Jetez un œil au temple de Zeus olympien (quartier 6), puis explorez les ruelles de Plaka et d'Anafiotika (quartier 2), l'Agora romaine (quartier 3) et les échoppes à leurs pieds.

Agora antique

➥ Le soir, écumez les bars branchés de Syntagma (quartier 6) et Psiri (quartier 4).

DEUXIÈME JOUR

➥ Consacrez la matinée au Musée archéologique national (quartier 10).
➥ Puis déjeunez dans l'une des délicieuses tavernes autour du marché central (quartier 4). Vous êtes prêt à plonger dans les halles, qui offrent avec leurs étals opulents le visage le plus oriental d'Athènes. Flânez dans Psiri et détendez-vous dans l'Agora antique (quartier 3).
➥ Prenez un verre au Thissio (quartier 5), le long de l'immense esplanade qui court au pied de l'Acropole (quartier 1) et, si c'est l'été, faites-vous une toile au cinéma en plein air.

TROISIÈME JOUR

➥ Si c'est dimanche, chinez au marché aux puces de la place Avissynias à Monastiraki (quartier 3). Sinon faites une pause photo devant la relève de la garde du Parlement (quartier 6). Flânez dans le Jardin national et rejoignez le stade Panathénaïque (quartier 7) qui a accueilli les premiers J.O. modernes.
➥ Enchaînez avec le musée d'Art cycladique (quartier 8), pour ses idoles préhistoriques remarquables de modernité, ou le musée Benaki, pour un aperçu complet de 5 000 ans d'art grec. Grimpez au sommet du Lycabette (funiculaire), pour une vue XXL sur Athènes.
➥ Passez la soirée dans l'un des clubs du bord de mer.

Déjà venu ?

Vous connaissez déjà les incontournables d'Athènes ? Éloignez-vous du centre et explorez d'autres quartiers ou quittez carrément la ville et embarquez pour une île.

Centre culturel de la fondation Niarchos

LE CENTRE CULTUREL DE LA FONDATION NIARCHOS (VISITE 11)

Faites un tour à la toute nouvelle création de la fondation Niarchos, ce gigantesque centre culturel dessiné par Renzo Piano. Il abrite notamment l'Opéra national et la Bibliothèque nationale, ainsi qu'un immense plan d'eau et un parc paysager méditerranéen de 17 ha. Le must : grimper dans le Lighthouse, sur la terrasse, pour une vue à 360° sur Athènes, ses montagnes, la mer et les îles. Pensez à réserver l'une des nombreuses activités gratuites : la visite de l'édifice, mais aussi des cours de yoga, Pilates ou qi gong...

L'ÎLE D'ÉGINE (VISITE 13)

Envie de prendre la tangente vers une île ? À 40 min du Pirée, Égine est une île grecque séduisante par son authenticité. Vous aimerez son port animé, avec ses caïques, son marché au poisson et ses nombreux cafés, mais aussi ses plages et ses superbes sites archéologiques (la cité antique située sur le port ou alors le temple d'Aphaïa, haut perché dans la pinède). Égine, c'est aussi la capitale grecque de la pistache, protégée par une AOP. Faites des provisions !

LE QUARTIER DE GAZI (QUARTIER 5)

On commence en douceur en flânant dans le cimetière du Céramique, l'un des sites archéologiques les plus reposants de la ville avec son petit biotope méditerranéen et ses statues évocatrices. Puis on visite Technopolis, l'ancienne usine à gaz aujourd'hui transformée en ***hub*** culturel (café, aire de jeux pour les enfants, événements culturels). Depuis le toit-terrasse du Gazarte, on admire ses cheminées rougeoyantes, avant de filer vers l'un des nombreux clubs du quartier.

Gazi

Égine

Visites

PAR QUARTIER

Plaka

À SAVOIR

VISITER ATHÈNES

Nous avons découpé Athènes **en 10 petits quartiers** que vous pouvez quasiment tous visiter à pied, auxquels s'ajoute trois visites hors de la ville : **Le Pirée**, la **Riviera athénienne** et **l'île d'Égine.** Située à 40 min du port du Pirée, la petite île peut aisément faire l'objet d'une excursion d'une journée. Les quartiers du centre, l'Acropole, Psiri et Plaka se visitent à pied. Très étendue, la ville est desservie par 3 lignes de métro et 2 lignes de tramway ainsi que par un réseau de bus et de trolleys qui vous permettront de relier les quartiers les plus excentrés comme Le Pirée ou Glyfada.

Anafiotika

LIRE LES CARTES

➜ Chaque visite est accompagnée d'un plan détaillé sur lequel nous avons placé tous les **points d'intérêt** du quartier.

➜ Les **pastilles de couleur** indiquent nos bonnes adresses de **restos,** de **bars** et de **boutiques.**

➜ Le numéro de la pastille colorée correspond à celui attribué à chacune des adresses. Reportez-vous au chapitre concerné pour lire la notice de l'établissement.

ATHÈNES S'ÉVEILLE

Cela peut sembler paradoxal, mais la crise a stimulé Athènes, décuplé son énergie et libéré sa créativité. Bars à vins, rooftops, bars arty, street food… mais aussi boutiques de souvenirs design ou épiceries de produits du terroir : les nouvelles adresses ont fleuri partout dans la ville et en particulier autour de l'Acropole. Cette effervescence s'exprime aussi sur les murs avec l'explosion du street art. Et même frappés par la crise, les Grecs apprécient toujours autant de sortir, mais plutôt moins au restaurant, pour se retrouver entre amis dans les bars.

S'ORGANISER

→ **Conseil :** En été, visitez tôt les sites antiques, l'Acropole en particulier, vous y précéderez l'arrivée des groupes et de la chaleur.

→ Enfin, inspirez-vous du rythme grec ! Levez-vous avec le soleil. Prenez un en-cas vers 11h. Déjeunez vers 15h. Faites une vraie sieste ! Prenez un café vers 18-20h. Dînez tard, après 21 ou 22 h. Profitez de la fraîcheur de la nuit pour sortir.

⚠ **Réservez** votre billet sur Internet pour éviter la queue.

Acropole et sites archéologiques : https://etickets.tap.gr/eng puis allez dans Visitors.

Fondation Basil & Elisa Goulandris : goulandris.gr

Centre culturel de la fondation Stavros Niarchos : www.snfcc.org

Concerts et événements : www.viva.gr

1 L'Acropole, son musée ET KOUKAKI AU SUD

● Restos & bistrots p. 102 ● Bars, clubs & sorties p. 134 ● Boutiques p. 160

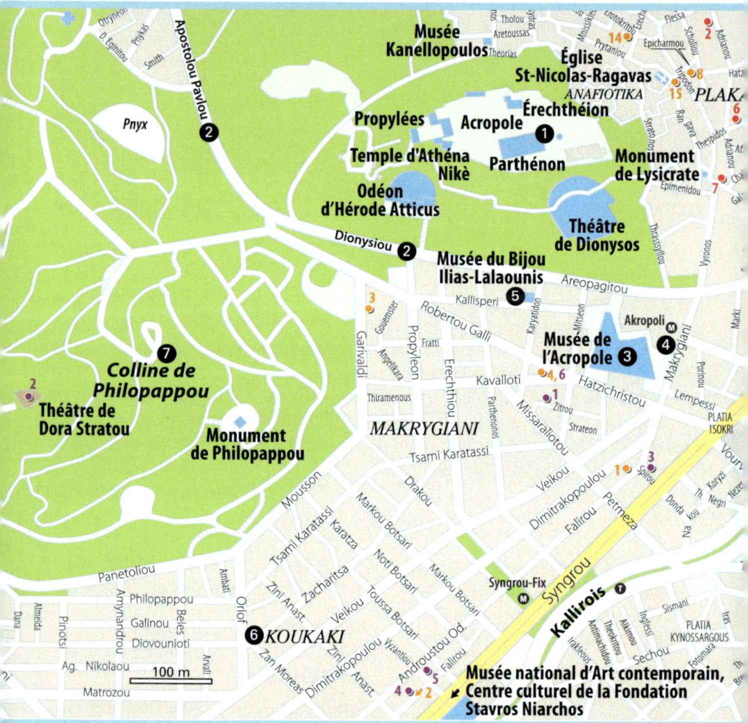

Visible de toutes parts, l'Acropole est à l'origine d'Athènes. Au bas du rocher sacré, théâtres antiques et musée de l'Acropole racontent encore l'Athènes ancienne, tout comme la colline de Philopappou qui, avec ses 70 ha de parc, est le poumon vert de la ville. En contrebas, le quartier résidentiel de Koukaki s'anime avec la multiplication des bars et des boutiques de créateurs.

❶ L'ACROPOLE***

Culminant à 156 m de hauteur, c'est le joyau d'Athènes ! Édifiée sur l'ordre de Périclès, qui officia de 461 à 429 av. J.-C., cette forteresse à la « mode grecque », toute de marbre blond, s'est transformée au fil du temps en un sanctuaire dédié au culte de la déesse Athéna. L'ensemble, conçu avec les plus grands artistes de l'époque, est inscrit depuis 1987 au Patrimoine mondial de l'humanité. Les visiteurs s'y pressent dès l'ouverture pour profiter de ces vestiges antiques et de la vue sur toute la ville. Un conseil : allez-y de bonne heure, bien chaussé et bien protégé. Le soleil tape fort et la visite prend facilement 3 heures ! Commencez la visite par les deux théâtres (entrée sud-est), vous monterez ainsi directement aux Propylées en évitant la foule de l'entrée principale.

Le théâtre de Dionysos

Le théâtre de Dionysos, rebâti au IVe s. av. J.-C., pouvait accueillir 17 000 spectateurs. Il était le lieu des concours de poésie, de tragédie et de comédie lors des fêtes de Dionysos, le dieu de la Vigne et du Vin. Eschyle, Sophocle et Euripide y firent jouer leurs tragédies. Au premier rang, des sièges d'honneur étaient réservés aux personnalités politiques et religieuses.

L'odéon d'Hérode Atticus

Un peu plus loin, Hérode Atticus fit édifier un odéon (161-174), en mémoire de sa femme, Annia

L'Acropole

Regilla. Dans ce théâtre couvert, 5 000 spectateurs pouvaient assister aux lectures publiques, aux concerts ou aux tragédies. Aujourd'hui, le Festival d'Athènes (p. 19) s'y déroule chaque été.

Les Propylées

C'est l'entrée monumentale de l'Acropole. Tel un décor de théâtre se dressant vers le ciel, cette vaste volée de marches entourée de gigantesques colonnes est faite pour impressionner et avertir le visiteur qu'il pénètre dans un lieu sacré. Elles furent construites en cinq ans par l'architecte Mnésiclès, de 437 à 432 av. J.-C. L'une des ailes abritait une pinacothèque où étaient conservées toutes les peintures sur bois.

Le temple d'Athéna Nikè

Situé à côté des Propylées, ce petit temple de style ionique a été récemment restauré et remonté. Dessiné par Callicratès et inauguré en 421 av. J.-C., il célèbre la victoire de Platées. Sous sa corniche court une frise narrant les combats des Grecs, aidés des dieux et de victoires ailées. Le temple fut détruit en 1687 par les Turcs assiégés, qui utilisèrent ses pierres pour construire un mur de défense. C'est de ce promontoire qu'Égée guetta le retour de son fils Thésée, parti combattre le Minotaure... et finit par se jeter dans le vide, le croyant mort, à tort.

Le Parthénon, clou du spectacle

Contrairement à ce que sa forme laisse croire, le premier des ouvrages commandés par Périclès n'est pas un temple au sens strict du terme. Construit de 447 à 438 av. J.-C. par le sculpteur Phidias et les architectes Ictinos et Callicratès, c'est un monument aux dimensions parfaites, entièrement consacré à la déesse Athéna. Sa décoration est audacieuse pour l'époque. Pour la première fois, on ose des frises sculptées qui ornent le haut de chaque mur. La frise la plus célèbre, située le long de la salle centrale du temple (ou *cella*), représente la procession des Panathénées, fête

Lord Elgin

Ambassadeur en Turquie de Sa Majesté le roi d'Angleterre, lord Elgin (1766-1841) obtint du sultan l'autorisation de se saisir de toutes les antiquités qu'il voulait sur le territoire grec. Durant 20 ans, il dépouilla l'Acropole et bien d'autres sites. Son impressionnante collection fut achetée en 1815 par le British Museum. Depuis plus de 30 ans, la Grèce réclame les métopes et la frise du Parthénon, mais les Anglais sont plus que réticents... Affaire à suivre...

L'Éréchtéion

annuelle antique en l'honneur de la déesse protectrice de la cité. D'abord transformé en église, puis en mosquée par les Turcs en 1458, le Parthénon ne résistera pas au siège des Vénitiens, qui le bombardent en 1867. Le toit et une bonne partie des décors sculptés volent en éclats avant que lord Elgin ne se « serve » (voir encadré).

L'Érechtéion, le vrai temple

Reconnaissable à ses six célèbres caryatides (les colonnes en forme de femmes soutenant l'édifice), c'est le dernier des monuments à avoir été achevé sur le rocher en 406 av. J.-C., à l'endroit même où Athéna et Poséidon se disputèrent la possession d'Athènes. Le trident du dieu laissa sa trace dans le rocher, faisant jaillir une source d'eau saline, tandis que la déesse fit pousser un olivier sacré. Le temple, construit sur deux niveaux, accueillait plusieurs cultes. Par la fameuse galerie des Caryatides, on accédait aussi à la tombe de Cécrops, roi fondateur d'Athènes. Aujourd'hui, les caryatides visibles sont des copies en plâtre. Cinq des six statues d'origine sont exposées au musée de l'Acropole. La sixième l'est au British Museum, à Londres, suite au pillage de lord Elgin.

Accès : angle Apostolou Pavlou/ Dionysiou Areopagitou
• ☎ 210 32 10 219
• www.acropolisofathens.gr
• Avr.-oct. : t.l.j. 8h-20h ; nov.-mars : t.l.j. 8h-15h (dernière admission 30mn avt. la fermeture)
• Entrée : 20 € ou billet combiné « Sites archéologiques » (voir p. 186).

L'Athéna Parthenos

Cette sculpture d'Athéna de 12 m de haut et 1140 kg se dressait dans la *cella* du Parthénon. Pour elle, rien n'était trop beau : ses yeux étaient en pierres précieuses, son visage, ses mains et ses pieds en ivoire, et son vêtement orné de feuilles d'or. Accusé de détournement, Phidias dut démonter la statue pour peser l'or et prouver sa bonne foi ! Elle fut transportée en 426 à Constantinople et on n'en a jamais retrouvé trace.

Le théâtre de Dionysos et le musée de l'Acropole

❷ RUES APOSTOLOU PAVLOU ET DIONYSIOU AREOPAGITOU*

C'est l'une des réussites de la métamorphose d'Athènes pour les Jeux olympiques de 2004. En rendant piétonnes ces deux avenues qui courent au pied de l'Acropole et de la colline de Philoppapou, une immense promenade été créée : elle relie entre eux les sites archéologiques majeurs d'Athènes, du temple de Zeus Olympien au musée du Céramique. Tout en longeant le musée de l'Acropole, le théâtre d'Herode Atticus, la Pnyx, le rocher sacré, l'agora antique... C'est un pur bonheur de flâner entre oliviers, pins et cyprès.

❸ MUSÉE DE L'ACROPOLE***

En 481 av. J.-C., l'Acropole fut mise à sac par les Perses, qui brisèrent le décor des temples et les sculptures votives. Avant de reconstruire, les Athéniens enfouirent ces vestiges, qui furent découverts au XIXe s. Il s'agit de la plus belle collection d'œuvres archaïques et classiques des VIe et Ve s. av. J.-C.

Les œuvres archaïques

Les splendides frontons d'un temple du VIe s. av. J.-C. figurant les combats des héros avec des

Les gracieuses *korai*

Bien droites, arborant parfois sur leurs lèvres un sourire mystérieux, peut-être signe d'une très antique sagesse – elles remontent à l'époque archaïque ! –, les *korai*, ces statues de jeunes femmes qui firent longtemps l'objet d'offrandes à Athéna, sont toutes différentes. Si on prend le temps de les regarder attentivement, on verra que leurs coiffures ou le drapé des tuniques permettent de se faire une idée de l'évolution de la sculpture dans la Grèce ancienne.

monstres mythiques ont gardé leur polychromie. Autrefois, toutes les sculptures étaient peintes de couleurs soutenues. La plastique est stylisée, mais puissante. Les statues étaient des offrandes. Ainsi, le Moschophore représente le dédicant Rhombos qui va sacrifier un veau. Les *korai*, ces jeunes filles au doux sourire (voir ci-contre), ou un quadrige ne pouvaient que plaire aux dieux par leur beauté.

Les œuvres classiques

Il s'agit des sculptures du Parthénon, du temple d'Athéna Nikè et des fameuses caryatides de l'Érechthéion. La frise du Parthénon, réalisée par Phidias, innove en représentant la procession des Panathénées et non plus une légende. Les chevaux aux veines saillantes se cabrent, les draperies s'envolent, tout bouge. Quant au relief de la Victoire dénouant sa sandale, du temple d'Athéna Nikè (fin du Ve s. av. J.-C.), l'artiste va plus loin avec une draperie mouillée montrant les formes du corps.

15, Dionysiou Areopagitou • ☎ 210 90 00 901 • www.theacropolismuseum.gr • Avr.-oct. : lun. 8h-16h, mar.-jeu. et sam.-dim. 8h-20h, ven. 8h-22h ; nov.-mars : lun.-jeu. 9h-17h, ven. 9h-22h, sam.-dim. 9h-20h (dernière entrée 30min avant la fermeture) • Entrée : 5 €. Agréable café restaurant avec une fantastique terrasse.

❹ STATION DE MÉTRO AKROPOLI*

Comme d'autres stations de métro d'Athènes, celle de l'Acropole abrite un micromusée archéologique avec, dès l'entrée sur la gauche, un groupe de cinq statues, reproduction de la naissance de la déesse Athéna sortant de la tête de son père, Zeus. Les originaux, datant de 438 à 432 av. J.-C., proviennent de la face est du Parthénon. Passé le contrôle électronique des billets, des vitrines renferment diverses céramiques et autres objets usuels – originaux et copies – trouvés lors des travaux du métro.

Sortie sur Makrygiani • T.l.j. 5h30-minuit.

Au musée de l'Acropole

Pour une pause au calme : Little Tree

Situé juste derrière le musée de l'Acropole, ce bar-librairie distille une atmosphère douce et tranquille, que ce soit à l'intérieur ou sur sa petite terrasse. On y sirote cafés, thés et verres de vin tout en se régalant de délicieuses tartes salées et gâteaux maison. Le lieu a une belle histoire puisque sur le point de fermer, cette petite librairie a été sauvée par quatre couples du quartier, unis pour sauver leur lieu de rendez-vous habituel. Et il a eu tant de succès qu'aujourd'hui, ils peuvent même recruter.

● 4 • 2, Kavalloti • ☎ 210 92 43 762 • F. lun., mar.-ven. 8h-23h, sam.-dim. 9h-23h30 • Tartes salées et sandwichs autour de 5 €. Pâtisseries de 3 à 4,5 €.

❺ MUSÉE DU BIJOU ILIAS-LALAOUNIS★★★

Le célébrissime joaillier a fondé ce musée afin de promouvoir l'histoire du bijou et l'art de l'orfèvrerie. Il y expose les collections de quelque 4 000 bijoux et sculptures qu'il a créés entre 1940 et 2000, auxquelles s'ajoute sa collection de bijoux anciens et d'objets ornementaux. Le musée propose aussi des expositions temporaires des créations des étudiants des Beaux-Arts ou d'enfants qui s'essaient au dessin dans l'atelier qui leur est réservé.

12, Kallisperi • ☎ 210 92 21 044 • www.lalaounis-jewelrymuseum.gr • Mar., jeu. et ven. 9h-15h, mer. et sam. 9h-21h • Entrée : 5 € (gratuit le sam.).

❻ KOUKAKI★

Situé juste derrière le musée de l'Acropole (ouvert en 2009), ce grand quartier tranquille et résidentiel est d'un seul coup devenu à la mode, se remplissant de petits bars, restaurants, boutiques de designers. L'animation se concentre en particulier autour des deux rues piétonnes Drakou et Georg Olympiou.
L'inauguration en 2017 du **musée national d'Art contemporain** (Kallirois av., ☎ 211 10 19 000, https://www.emst.gr/en) l'a aussi boosté, même s'il n'ouvre qu'au gré des expositions temporaires. Il est installé dans le bâtiment de l'ancienne brasserie Fix.

❼ COLLINE DE PHILOPAPPOU★★★

Moins fréquentée par les touristes que l'Acropole ou le Lycabette, la colline de Philopappou offre l'une des plus belles vues sur Athènes et – par temps clair – Le Pirée. Avec ses 70 ha, c'est le poumon vert de la ville. Planté au sommet de la colline et accessible par

Colline de Philopappou

des sentiers pavés, le **monument de Philopappou** domine le petit **théâtre de Dora Stratou,** où se produisent des troupes de danse folklorique, l'**Observatoire et la Pnyx,** où se rassemblait le peuple pendant l'Antiquité. Ces chemins pavés, en pleine nature, permettent d'avoir l'une des plus belles vues sur l'Acropole. C'est ici que les Athéniens se retrouvent pour célébrer le « lundi pur », avant la Pâque orthodoxe, pour faire danser des centaines de cerfs-volants multicolores.

STEGI

Le centre culturel de la fondation Onassis, l'une des plus actives de Grèce (dans les domaines de l'art, de la santé, de l'édu-cation et de l'environnement...), a été inauguré en 2010. Le cube en marbre de STEGI accueille chaque année une centaine de spectacles avant-gardistes de musique, de danse et théâtre, sans oublier les arts visuels.... qui débordent aussi dans la ville.

107 avenue Syngrou
• ☎ 210 900 58 00
• www.onassis.org • T.l.j. 8h-1h

REPÈRES artistiques

Où que vous alliez à Athènes, que ce soit sur l'Acropole, dans les musées, dans les rues ou dans le métro, vous serez toujours confronté à l'Antiquité et à la richesse de ses créations. Le beau idéal, les proportions parfaites des sculptures et des temples... Voici quelques clés de lecture pour mieux les apprécier.

Céramique à figures noires

Petite chronologie

L'art grec se divise en quatre périodes : **l'époque géométrique,** de 900 à 700 av. J.-C., est connue pour ses céramiques ; **l'art archaïque,** de 700 à 480 av. J.-C., voit fleurir des temples de style dorique ou ionique et, en sculpture, le ***kouros*** et la ***korè*** (*korai* au pluriel), ces jeunes gens au beau sourire ; **l'ère du classicisme**, de 480 à 323 av. J.-C., est le temps des plus belles créations avec Ictinos, l'architecte du Parthénon, et les sculpteurs Phidias, Scopas ou Praxitèle ; **la période hellénistique** s'étend jusqu'à la conquête romaine en 31 av. J.-C. avec la bataille d'Actium. Commence alors **l'ère de la Pax romana,** jusqu'en 395 apr. J.-C., date de la partition entre l'Empire romain d'Orient et celui d'Occident.

Des athlètes canon !

Polyclète, sculpteur contemporain de Phidias, a créé un canon de proportions idéales pour représenter la figure humaine. La **statue du Diadumène** (vers 430 av. J.-C.), conservée au Musée archéologique national, illustre comment l'artiste recherche la symétrie et l'harmonie. Ainsi, la hauteur totale du corps doit contenir sept fois celle de la tête, et au déhanchement du bassin répond en sens inverse le mouvement des épaules. Tout n'est qu'équilibre, puissance et sagesse. Ce canon ne sera modifié qu'un siècle plus tard par **Lysippe,** qui allongera la silhouette en faisant tenir huit fois la hauteur de la tête dans celle du corps. Les visages sont idéalisés, impassibles, c'est le classicisme grec.

Reconnaître les ordres

L'ordre dorique, le plus ancien, est facile à reconnaître par son chapiteau à l'échine aplatie, et **l'ordre ionique** par son chapiteau à volutes. Mais si par malheur ces dernières venaient à manquer, voici quelques petits « trucs » pour différencier ces deux styles. La colonne dorique, directement posée sur la plateforme, a des cannelures larges aux arêtes vives, tandis que la colonne ionique repose sur une base moulurée et ses cannelures plus serrées sont séparées par un méplat. En règle générale, les temples ioniques reçoivent une importante décoration sculptée, dont une frise qui fait tout le tour du temple. Ayez l'œil, car les Propylées mélangent très subtilement les deux styles ; à vous de les retrouver ! **L'ordre corinthien** est quant à lui une variante beaucoup plus tardive de l'ordre ionique. Les volutes du chapiteau sont enfouies dans un bouquet de feuilles d'acanthe. Ce style apparaît vers 174 av. J.-C., avec la construction du temple de Zeus olympien d'Athènes, modèle du genre.

Figures noires et figures rouges

Il s'agit de deux techniques utilisées pour décorer les vases. La première, employée au VIe s., consistait à peindre avec un vernis noir les figures qui se détachaient alors sur le fond ocre. En 525 av. J.-C., Athènes invente la technique dite des « figures rouges » et remporte ainsi presque la totalité du marché de la céramique. Cette fois, les figures rouges laissées en réserve ressortent sur le fond noir et brillant du vase. Les détails, au lieu d'être gravés, sont peints, dessinés au pinceau avec une extrême minutie. Tout au long du Ve s., les décors s'affinent jusqu'à rendre les sentiments des personnages. Andokidès, Euphronios, Cléophradès, Brygos sont les noms de certains des peintres sur vases, très célèbres en leur temps.

La draperie mouillée

À la fin du Ve s. et au début du IVe s. av. J.-C., les drapés des sculptures s'enrichissent sous l'influence de l'art ionien. Autrefois lourds et raides, les vêtements se font désormais fluides, s'envolent et amplifient les mouvements du corps. Au lieu de masquer, ils soulignent ou mettent en valeur les corps, avec des drapés épousant les formes, comme si le personnage représenté sortait de l'eau, d'où leur nom de « draperies mouillées ». Les ménades et les victoires de la frise du temple d'Athéna Nikè en sont de très beaux exemples.

2 Plaka

● Restos & bistrots p. 103 ● Bars, clubs & sorties p. 137 ● Boutiques p. 160

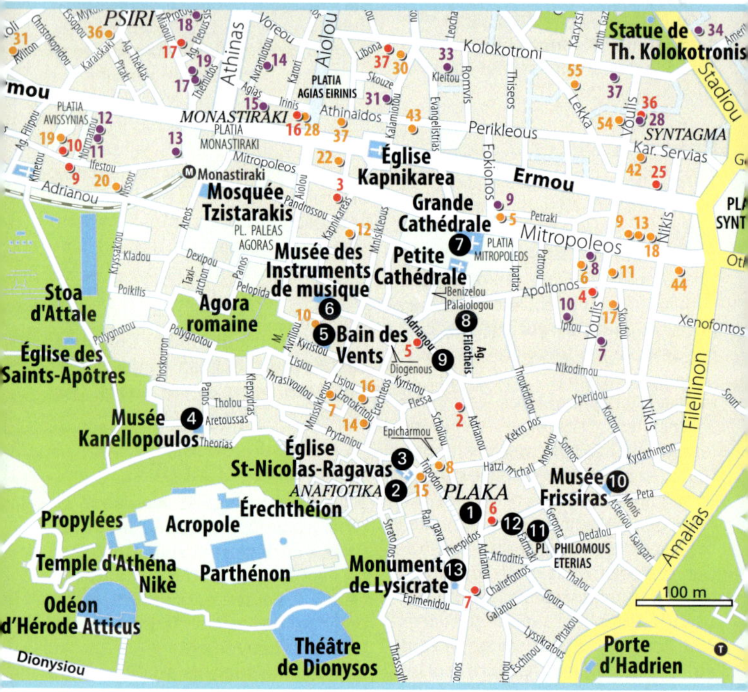

Avec ses ruelles qui partent à l'assaut de l'Acropole, c'est le plus vieux quartier d'Athènes. Dans sa partie basse se concentrent cafés, tavernes et nombreuses boutiques. Mais dès que l'on grimpe un peu, c'est un vrai plaisir de flâner le long des belles demeures dont les crépis colorés se drapent de bougainvilliers. On peut aussi se perdre dans le charmant quartier d'Anafiotika, au charme tout cycladique.

❶ RUES DE PLAKA**

Il ne faut pas hésiter à se perdre dans les rues du haut de Plaka, prendre les escaliers des **rues Klepsydras** ou **Alimberti** pour arriver dans les rues **Theorias, Prytaniou** et **Rangava,** qui offrent de beaux points de vue sur Athènes. Enfin, autour des **rues Polygnotou, Lyssiou, Kyristou** et **Tripodon,** de belles demeures du XIXe s. évoquent le passé résidentiel du quartier.

Ruelle d'Anafiotika

❷ ANAFIOTIKA ***

Ce quartier des Anafiotes est un village des Cyclades au pied de l'Acropole ! Le roi de Grèce Otton Ier (1835-1862) fit appel aux meilleurs bâtisseurs, les habitants de l'île d'Anafi, pour construire son palais. Pour se loger et par nostalgie, ils reconstituèrent un village comme sur leur île. C'est un dédale de ruelles et d'escaliers minuscules bordés de maisons basses. Il faut se perdre dans ce petit paradis où les bougainvilliers rose vif et les volets bleus tranchent sur le blanc des façades.

Accès : sur Theorias, devant le musée de l'Université, emprunter la rue piétonne qui monte vers le rocher.

❸ ÉGLISE SAINT-NICOLAS RAGAVAS**

L'art byzantin plonge ses racines dans l'Antiquité grecque. Ainsi, derrière l'iconostase de cette église du XIe s. se cachent les vestiges d'un temple classique. Sur les murs, les fresques restaurées déploient leurs couleurs tandis que les ex-voto entourant l'icône de saint Nicolas implorent pour la guérison d'un cœur, d'un œil ou d'un enfant. Dans l'allée centrale, la cloche suspendue offerte par les habitants du quartier commémore la libération d'Athènes de l'occupant turc en 1821.

Angle Prytaniou et Epicharmou • T.l.j. 8h-12h.

❹ MUSÉE KANELLOPOULOS★★

La collection de Pavlos et Alexandra Kanellopoulos rassemble des objets d'art de toutes les époques, de la préhistoire à nos jours, offrant ainsi un magnifique panorama de la création artistique en Grèce.

L'art cycladique

Le sous-sol réserve de belles surprises avec notamment des vitrines d'art cycladique, des vases de toutes formes, ornés de figures noires ou rouges, et des petits bronzes. Sans oublier les tanagras, ces gracieuses statuettes en terre cuite des IVe et IIIe s. av. J. C., découvertes en Béotie. Vous serez fascinés par une fantastique collection de bijoux en or des époques classique, hellénistique et romaine. Les bracelets, fibules, colliers et boucles d'oreilles témoignent de la virtuosité des orfèvres, qui incrustaient les pierres semi-précieuses et maîtrisaient à la perfection les techniques de la granulation et du filigrane, à une époque où la loupe n'existait pas.

L'art byzantin

Les salles du rez-de-chaussée sont essentiellement consacrées à l'art byzantin, avec des bijoux en or mais aussi des icônes portatives des XVe, XVIe et XVIIe s., réalisées par l'école crétoise et l'école de Constantinople. Dans la dernière pièce se trouvent des tissus coptes et surtout des portraits du Fayoum, ces masques funéraires à l'origine de l'iconographie byzantine.

Icônes et camées de Constantinople

Au premier étage, on verra des icônes plus tardives, des camées et des intailles, et surtout des broches et des pendentifs en or et pierres précieuses, réalisés à Constantinople après la prise de la ville par les Ottomans en 1453.

Pour une pause royale : Café Minoas

Idéalement situé face à la Grande et à la Petite Cathédrales, sur une place piétonne, ce qui en fait un endroit paisible et particulièrement agréable, le Café Minoas est parfait pour souffler après avoir arpenté les rues de Plaka. Pitas, salades, toasts pour le salé, glaces et milk-shakes pour le sucré permettent de passer un moment délicieux en observant les passants.

● 18 • 6, pl. Mitropoleos • ☎ 210 32 44 445 • T.l.j. 8h-22h l'été et 8h-16h l'hiver.

12, Theorias • ☎ 210 32 12 313 • www.pacf.gr • Mar.-dim. 8h30-15h30 • Entrée : 4 €.

❺ LE BAIN DES VENTS**

Ces bains publics ottomans, qui fonctionnaient encore à la fin du XIXe s., sont les plus vieux et les derniers d'Athènes. La partie la plus ancienne, qui date du XVIIe s., a conservé ses salles voûtées percées de hublots, ainsi que des sols, des bancs, des vasques et une table de massage en marbre du XIXe s. Les portes lestées empêchaient la chaleur de sortir. Quant aux cabines en bois pour se changer, elles sont typiquement ottomanes.

8, Kyristou • ☎ 210 32 44 340 • www.melt.gr • Mer.-lun. 8h-15h • Entrée : 2 €.

❻ MUSÉE DES INSTRUMENTS DE MUSIQUE POPULAIRES GRECS**

Membraphones, aérophones, chordophones, idiophones... Vous saurez tout sur ces étranges instruments utilisés dans la musique grecque traditionnelle. Les vitrines équipées de casques permettent d'écouter leur son. Au total, 1200 instruments du XVIIIe s. à nos jours, ont été rassemblés par le musicologue Fivos Anoyanakis. Le musée organise aussi des concerts dans le jardin.

Petite cathédrale

1-3, Diogenous • ☎ 210 32 50 198 • Mer.-lun. 8h30-16h • Accès libre.

❼ LA GRANDE ET LA PETITE CATHÉDRALES*

Megali Mitropoli, cette immense cathédrale achevée en 1842, domine de toute sa hauteur **Mikri Mitropoli,** la « Petite Cathédrale », qui ne mesure pas plus de 7,5 m de long. Elle fut édifiée au XIIe s.

avec des marbres de réemploi provenant de temples antiques, – ainsi le linteau au-dessus de l'entrée principale, figurant un calendrier des fêtes attiques. La façade, le chœur et les murs latéraux sont ornés de magnifiques reliefs byzantins. À l'intérieur, pour les requêtes urgentes, n'oubliez pas d'allumer un cierge devant l'icône de la Vierge Gorgoepikoos, « celle qui exauce vite » !

Pl. Mitropoleos • ☎ 210 32 21 308.

8 RUE AGIAS FILOTHEIS*

Dans cette rue qui rejoint la place Mitropoleos sont regroupées les boutiques spécialisées dans le mobilier et les objets du culte orthodoxe. Partout, l'or, le cuivre et le bronze brillent de mille éclats.

9 RUE ADRIANOU*

Les boutiques de cette rue touristique qui sépare le haut du bas de Plaka sont ouvertes tous les jours jusque tard dans la nuit. On y trouve pléthore de magasins de souvenirs, mais aussi des échoppes amusantes, des artisans et des créateurs de bijoux, etc. Au n° 96, se trouve **la maison Venizelos**, la « plus vieille maison d'Athènes». Construite entre le XVIe et le XVIIe s., c'est une maison typique ottomane aves ses cours intérieures et son encorbellement au dernier étage (ouv. mar. et jeu. 11h-13h, dim 11h-16h. accès libre).

10 MUSÉE FRISSIRAS***

Depuis l'an 2000, Vlassis Frissiras expose dans cette très belle maison néoclassique sa collection de plus de 3 000 peintures et sculptures contemporaines. Ces œuvres, exposées par roulement, réalisées par des artistes contemporains grecs et internationaux, ont toutes l'humain comme sujet principal. L'annexe, au n° 7 de la même rue, pourvue d'une ravissante cour intérieure, est le lieu d'expositions temporaires.

3, Monis Asteriou • ☎ 210 32 34 678
• www.frissirasmuseum.com
• Mer.-ven. 11h-17h, sam.-dim. 11h-18h
• Entrée : 6 €.

11 PLACE PHILOMOUS ETERIAS*

Bordée de nombreux cafés, restaurants et glaciers, et de terrasses ombragées, la place Philomous Eterias n'attend plus que vous ! Pour ceux qui n'ont pas encore acheté de spartiates pour l'été, rendez-vous chez **Stefanos Benetis** au n° 4 de la rue Farmaki (☎ 210 32 27 370 ; t.l.j. 10h-19h), qui, en plus des sandales, sacs et ceintures en cuir, vend aussi d'adorables claquettes pour bébés.

12 CINE PARIS***

Les gens d'Athènes disent que c'est le plus beau des cinémas à ciel ouvert de la ville. En tout cas, c'est le plus ancien,

Ruelle de Plaka

et sa vue sur l'Acropole mérite clairement le détour. En plus, le cinéma déstocke plein d'affiches anciennes de films, de photos et de cartes postales à prix cassés.
22, Kydathineon • ☎ 210 32 22 071 • www.cineparis.gr • T.l.j. 18h-1h • Entrée : 5-8 €.

⓭ MONUMENT DE LYSICRATE*

Lysicrate était l'un des mécènes ou chorèges qui finançaient les représentations théâtrales lors des Dionysies. En 334 av. J.-C., sa troupe remporta le prix de la meilleure pièce et il fit édifier ce monument en forme de rotonde pour abriter le trophée. Convoité par lord Elgin (p. 26), cet édifice doit sa survie aux moines capucins qui avaient installé leur monastère sur ce terrain et qui s'opposèrent farouchement à son « déménagement ».
Angle Rangava/Lyssikratous.

ENTRE ORIENT et Occident

En 395 apr. J.-C., l'Empire romain est divisé en deux, celui d'Occident, avec pour capitale Rome, et celui d'Orient, dirigé par Constantinople. Débute alors pour Athènes la période byzantine, qui s'achèvera en 1453 avec la prise de Constantinople par les Ottomans. La Grèce tombe ensuite, elle aussi aux mains des Ottomans et le reste jusqu'à la guerre d'Indépendance en 1821. Athènes prend alors un nouveau départ et voit fleurir à travers l'architecture la plus belle expression du néoclassicisme.

Christ Pantocrator

Les églises orthodoxes

Athènes est parsemée de petites églises orthodoxes surmontées d'une coupole centrale, dont l'architecture contraste avec les demeures néoclassiques ou les immeubles modernes. Il faut passer le seuil de la porte pour découvrir sur les murs des fresques noircies par la fumée des bougies, racontant des épisodes de la vie de Jésus. L'église est conçue comme un univers en miniature avec en son centre le **Christ Pantocrator**, c'est-à-dire « tout-puissant ».

Les mosaïques à fond d'or

La technique de la mosaïque connaît sa révolution lorsque les tesselles, ces petits dés de couleur fixés par un ciment, sont réalisées en **pâte de verre.** Par de savants mélanges d'oxydes, on obtient après cuisson une variété infinie de tons, et la matière bien plus légère permet de monter le décor sur les murs, les coupoles et les absides. Les artistes tirent parti de l'inclinaison des tesselles pour faire jouer la lumière et réalisent ces merveilleux fonds d'or évocateurs du divin. Leur secret ? Ils intercalent une **feuille d'or** entre la pâte de verre et une lamelle de verre blanc et, lors de la cuisson, le verre translucide emprisonne l'or.

La crise iconoclaste

Les moines peignaient depuis le IIIe s. des portraits du Christ ou de la Vierge. Ces « images inspirées » devinrent de plus en plus objets d'idolâtrie, au point qu'au VIIIe s. les théologiens s'élevèrent contre ce culte des icônes qui matérialisait la foi : « L'image de Dieu doit vivre en l'homme, elle appartient au domaine spirituel et ne doit pas être fixée par des matériaux terrestres et périssables. » Cette crise secouera l'Église byzantine pendant un siècle et entraînera la destruction de nombreuses icônes.

L'ère néoclassique

Au XIXe s., sous le règne d'Otton Ier de Bavière, la Grèce indépendante refait une beauté à sa capitale. Le souverain sollicite des architectes allemands pour reconstruire la ville et lui donner un nouveau visage. Ils s'inspirent alors de l'Antiquité pour édifier une Athènes néoclassique, dont les plus beaux fleurons demeurent les grands bâtiments publics qui jalonnent les avenues Panepistimiou (C3/D3) et Stadiou (C2/C3) : l'**Université,** la **Bibliothèque nationale,** l'**Académie,** le Théâtre national ou le **Musée numismatique,** sans oublier le **Musée archéologique national,** le **Parlement** sur la place Syntagma, et le **stade Panathénaïque.** Le style néoclassique, déjà en vogue ailleurs en Europe, exprime également une volonté évidente de la Grèce de s'occidentaliser. Au cœur du centre historique de la ville, la partie basse de Plaka, les pourtours de l'Acropole et de l'Agora, Thissio et Makrygiani comptent pour leur part de très belles demeures privées néoclassiques.

Vers une ère moderne

Les années 1960 ont été marquées par une très rapide et anarchique expansion de la ville. Ainsi sont apparus ces innombrables immeubles sans style particulier, tous semblables, de trois ou quatre étages, qui ponctuent les rues de **Kolonaki** et des autres quartiers modernes de la ville. Si d'aucuns les rendent responsables d'avoir défiguré, ils ne manquent toutefois pas d'un certain charme : chaque appartement dispose d'un balcon ou d'une terrasse que les résidents aménagent comme un salon extérieur. Un art de vivre dehors qui couvre les façades anonymes de verdure et de bougainvilliers aux couleurs éclatantes.

3 Monastiraki ET L'ANCIENNE AGORA

● Restos & bistrots p. 108 ● Bars, clubs & sorties p. 140 ● Boutiques p. 162

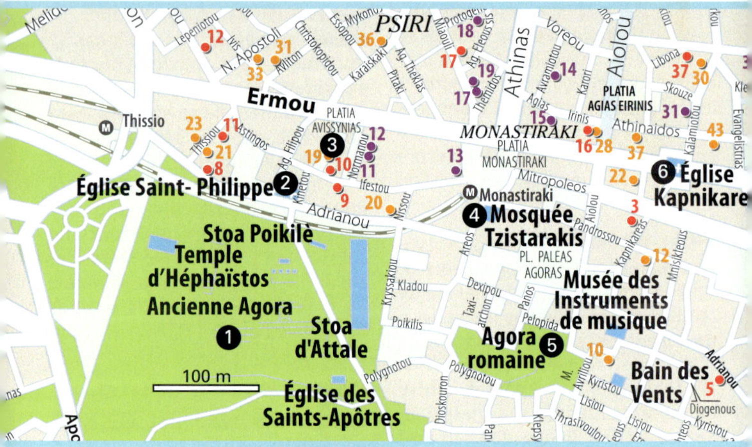

Plus vieux quartier d'Athènes avec celui de Plaka, Monastiraki semble irrémédiablement lié au commerce et à l'artisanat : à l'ancienne Agora grecque a succédé le bazar de l'époque turque, tandis qu'aujourd'hui les rues bordées de vieilles échoppes vendent souvenirs, surplus de l'armée et antiquités. L'effervescence bat son plein le dimanche quand le marché aux puces envahit toutes les rues du quartier.

❶ ANCIENNE AGORA★★

Bordée de temples, de portiques et d'édifices civils – comme la Tholos où siégeaient les prytanes, détenteurs du pouvoir exécutif –, l'Agora était toujours animée par des réunions politiques, des marchés, des fêtes et des concours de théâtre. Sur la base du monument dédié aux héros éponymes étaient affichés les dernières nouvelles et les avis importants, tandis que six sculptures colossales indiquaient l'entrée de l'odéon d'Agrippa.

La *stoa* d'Attale

Le temple d'Héphaïstos

Probablement construit au Ve s. av. J.-C. par Ictinos, l'architecte du Parthénon, il fut transformé en église, puis en lieu de sépulture aux XVIIIe et XIXe s. En 1834, il servit une dernière fois de lieu de culte lorsqu'un **Te Deum** fut chanté pour la prise de pouvoir du roi Otton Ier. Dans l'Antiquité, il était dédié aux dieux qui protégeaient les artisans d'Athènes, Héphaïstos et Athéna, et abritait leurs statues.

Les *stoai* Poikilè et d'Attale

Dans l'Antiquité, c'est sous la ***stoa* Poikilè** (ou Pœcile) que Zénon, entouré de ses disciples, enseignait sa philosophie. C'est pourquoi la doctrine du maître prit le nom de « stoïcisme » et ses élèves furent appelés les « stoïciens ». Quant à la ***stoa* d'Attale,** reconstituée à l'identique en 1956 par l'École américaine d'Athènes (avec les mêmes techniques et matériaux que ceux de l'Antiquité), elle donne une idée de ce que pouvaient être ces grands portiques, véritables centres commerciaux. Aujourd'hui, elle expose les objets trouvés sur l'Agora lors des fouilles.

L'église des Saints-Apôtres

Parmi les ruines, une église byzantine construite au XIe s., présente de belles peintures murales, découvertes sous les badigeons de plâtre lors de sa restauration. Les fresques du narthex proviennent de l'église Saint-Spyridon.

Entrée au niveau du 24, Adrianou • ☎ 210 32 10 185 • T.l.j. 8h-20h, 8h-16h en hiver • Entrée : 8 € ou billet combiné « Sites archéologiques » (voir p. 186).

❷ ÉGLISE SAINT-PHILIPPE*

À l'abri de l'agitation, un jardin entouré d'arbres masque l'entrée de l'église Saint-Philippe. Si l'extérieur est d'aspect simple, l'intérieur, lui, est digne d'une église orthodoxe : une décoration foisonnante, des saints colorés, des boiseries et des dorures, de lourds chandeliers et une odeur entêtante d'encens !
Ici, les habitants du quartier se recueillent avant d'entamer la discussion à l'ombre des arbres.

19, Adrianou • ☎ 210 32 12 580 • Lun.-sam. 9h-17h, dim. 9h-13h.

❸ MARCHÉ AUX PUCES**

La **place Avissynias** est le cœur du marché aux puces de Monastiraki. Si des brocanteurs y sont ouverts en semaine (8h-15h), ils sont bien plus nombreux le dimanche et envahissent les rues adjacentes de leurs objets plus ou moins anciens, de copies, de meubles ou de vêtements de seconde main. Rien ne vaut la terrasse du Cafe Avissinia (p. 108) pour observer cette effervescence !

Pl. Avissynias • T.l.j. 8h-15h.

❹ MOSQUÉE TZISTARAKIS*

Cette ancienne mosquée fut construite en 1759 par Mustapha Agha Tzistarakis, alors gouverneur turc d'Athènes. Elle fut utilisée comme annexe du **musée d'Art populaire grec,** jusqu'à la fermeture de ce dernier.

Pause : I Kali Zoi, taverne mezzépoleio

Un peu en retrait de la rue piétonne Adrianou, cette taverne atypique, dont le nom signifie « la bonne vie », est une joyeuse surprise. Grec originaire du Pont (Mer noire), Savvas se déplace entre les tables avec son petit charriot, véritable cuisine ambulante. À la carte, on ne trouve que des produits grecs, boissons comprises. Et la cuisine est faite selon les recettes de sa grand-mère ! La taverne occupe une vieille maison aux tables patinées et aux chaises multicolores. Le cadre est d'autant plus agréable qu'un carré de pelouse sépare les tables de la rue, à deux pas de l'ancienne Agora.

● 23 • 12, Thissio • M° Thissio ou Monastiraki • ☎ 690 964 1102 • T.l.j 11h-minuit • 13-18 €.

Mosquée Tzistarakis

Le bâtiment est en travaux en attendant une nouvelle affectation. Ne manquez pas les hautes colonnes sur la gauche, vestiges de la bibliothèque d'Hadrien (132 apr. J-C).

1, Areos • ☎ 210 32 42 066
• Fermée pour travaux.

❺ L'AGORA ROMAINE**

L'Agora romaine, entourée de portiques, était consacrée aux activités marchandes et administratives, tandis que l'ancienne Agora ne jouait plus qu'un rôle culturel. La **tour des Vents** (Ier s. av. J.-C.), qui doit son nom aux figures en haut-relief des divinités du vent, dont Borée et Zéphyr, était une horloge hydraulique actionnée par le Clepsydre, un ruisseau qui donna son nom à ce type d'horloge.

Entrée par Pelopida • ☎ 210 32 45 220
• T.l.j. 8h-15h
• Entrée : 6 € ou billet combiné « Sites archéologiques » (voir p. 185).

❻ ÉGLISE KAPNIKAREA*

Ce joyau byzantin se dresse au milieu de la rue Ermou, l'artère piétonne la plus commerçante du centre-ville. Érigée au XIe s. sur un temple dédiée à Demeter ou Athena, elle a été sauvée de justesse de la destruction par le roi Otton Ier quand la nouvelle Athènes a été construite au XIXe s. Consacrée à la Vierge, une belle mosaïque d'une Vierge à l'enfant orne son entrée (la majorité des peintures date du XXe s.). Le petit muret qui entoure l'édifice offre un agréable banc pour souffler et admirer l'architecture byzantine toute en pierres, briques, colonnes en marbre et tuiles.

À l'intersection des rues Ermou et Kapnikarea.

LE SIÈCLE de Périclès

Après avoir été saccagée en 479 av. J.-C. par les troupes de Xerxès lors de la deuxième guerre médique, Athènes renaît de ses cendres grâce au génie de Périclès. Avec la reconstruction de l'Acropole commence l'âge d'or de la ville et de l'art athénien, tandis que la démocratie atteint son apogée.

Buste de Périclès

Périclès, un fin stratège !

Issu d'une famille aristocratique d'Athènes qui participait activement à la vie politique de la ville, Périclès fut éduqué par les philosophes Zénon d'Élée et Anaxagore. Fort des idées démocrates, il prit en 461 av. J.-C. la tête de ce parti et lutta contre l'oligarchie qui réservait le pouvoir à quelques personnes privilégiées. Il instaura une véritable **démocratie** où les citoyens athéniens adultes et propriétaires fonciers pouvaient voter pour élire le stratège, être tirés au sort pour siéger au Conseil et même obtenir une rémunération pour cette tâche. Réélu **stratège** chaque année, il demeura jusqu'à sa mort à la tête de l'État, de 443 à 429 av. J.-C., assurant l'**hégémonie d'Athènes** par des succès militaires, une puissance navale inégalée et des alliances pour préserver paix et prospérité. Mais cette réussite fit de l'ombre aux cités du Péloponnèse, qui déclenchèrent la guerre. Périclès, refusant de combattre, se retrancha dans la cité. Cette erreur le discrédita et il mourut de la peste qui ravageait alors la ville assiégée. Avec sa disparition s'acheva l'âge d'or d'Athènes.

Un amour controversé

Périclès, qui s'était séparé à l'amiable de sa femme athénienne, s'éprit d'**Aspasie,** la plus célèbre courtisane de l'époque. Cette liaison fut vivement critiquée, car si Aspasie brillait par son intelligence et sa culture, elle n'en était pas moins une courtisane et, qui plus est, une étrangère originaire de Milet. On l'accusa d'avoir influencé Périclès dans ses décisions politiques en faveur de sa ville natale. Cependant, elle tenait un « salon » où **Socrate** et ses amis philosophes se retrouvaient. En dépit des calomnies, **Plutarque** rapporte que « l'attachement de Périclès pour Aspasie fut une véritable passion ».

Sophistes et philosophes

Au moment où la démocratie faisait ses premiers pas, les **sophistes,** ces professeurs itinérants qui s'établirent à Athènes, eurent une influence considérable. En enseignant **l'art de la rhétorique et de la dialectique,** ils développèrent une certaine culture, l'esprit critique, le goût de l'argumentation. Ils tirèrent leur nom du terme grec *sophia* car ils prétendaient détenir la clé de l'excellence. **Socrate,** à l'inverse, enseignait gratuitement et voulait par le questionnement détruire les faux savoirs pour découvrir la vérité, la sagesse que tout homme porte en lui. Mais il fut accusé de corrompre la jeunesse et condamné à mort en 399 av. J.-C. Par civisme, il refusa de fuir et but la ciguë. Ce fut l'un de ses élèves, **Platon,** qui fonda plus tard l'Académie, grande école de philosophie et des sciences.

Hommes de lettres

Tandis que les historiens **Hérodote** et **Thucydide** consignaient par leurs écrits l'histoire d'Athènes à cette époque, les Athéniens allaient au théâtre pour assister aux concours dramatiques lors des fêtes civiques ou religieuses. **Sophocle** vit ses tragédies *Antigone, Œdipe roi* et *Électre* couronnées lors des Dionysies. Le poète tragique **Euripide,** ami de Socrate, décrit dans ses pièces les passions humaines et non plus la grandeur des héros mythiques. Enfin, la comédie trouve son fondateur en **Aristophane,** qui, par ses vers populaires alliant grossièretés et satires, critique sans fard son temps et les hommes politiques.

TÊTE D'OIGNON

Ainsi était surnommé Périclès par tous les Athéniens, comme le révèlent les petits vers assassins du poète comique Cratinus : « Ce nouveau Jupiter à tête d'oignon, et dont le vaste crâne est gros de l'odéon. » Périclès avait en réalité une déformation du crâne, c'est pourquoi il est toujours représenté casqué.

4 Psiri et LA PLACE AGIAS IRINIS

● Restos & bistrots p. 110 ● Bars, clubs & sorties p. 141 ● Boutiques p. 164

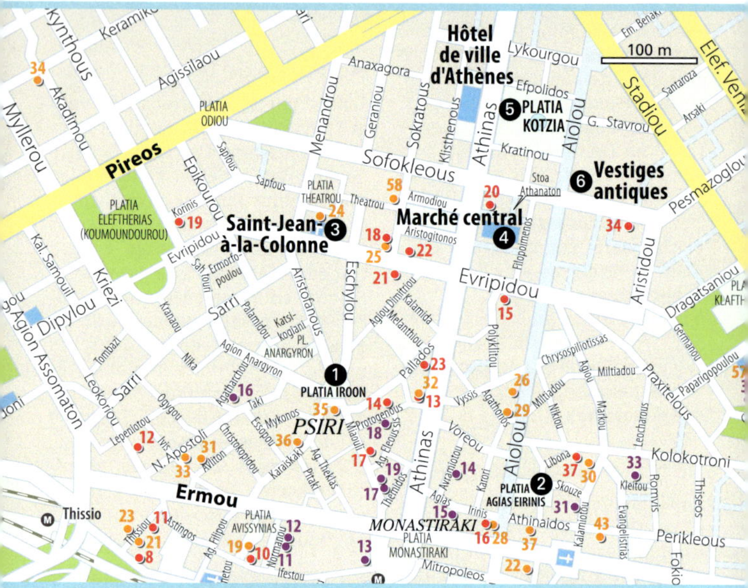

À deux pas de Monastiraki, les ruelles enchevêtrées de Psiri bouillonnent de vie. Deux mondes se mêlent dans ce vieux quartier aujourd'hui tendance : celui des petits artisans et des brocanteurs et celui des bars, des clubs et des tavernes qui ont récemment poussé comme des champignons. Entre les deux, on trouve encore des maisons abandonnées, des fresques de street art, mais aussi des boutiques de mode vintage. Ces dernières années, l'effervescence branchée a gagné de l'autre côté de l'avenue Athinas, autour de la place Agias Irinis, entre les multiples petits commerces de rue.

❶ PLACE IROON**

Dans Psiri, toutes les rues semblent mener à la place Iroon, où l'on peut faire une pause-café à l'ombre des arbres. Vous aurez l'embarras du choix, les restaurants y sont nombreux. Mais sachez que les Athéniens aiment en particulier les plats traditionnels au four du vieux restaurant **En Iordani** (ag. Anargyron 3, ☎ 210 32 24 570, Lun.-sam. 12h-20h, plats de 5 à 7 € à choisir en vitrine) ou un peu plus loin dans la rue, les mezzé typiques et bon marché de **Nikitas** (Ag. Anargyron 19, T.l.j., 3-6 € l'assiette).

❷ PLACE AGIAS IRINIS

Si du côté de Psiri se trouvaient les artisans du cuir et des métaux, autour de la place Agias Irinis se concentrent merceries, marchands de tissus, rideaux, passementerie... Ces petits commerces traditionnels donnent son cachet au quartier, mais beaucoup semblent malheureusement à bout de souffle. C'est dans ce contexte que fleurissent de tous côtés cafés branchés et échoppes de street food. Les Athéniens aiment s'attarder en terrasse, le jour, ou égrener un à un les bars, la nuit.

Pour une pause petit déjeuner : Bougatsadiko

Des pâtisseries toutes fraîches s'étalent dans les vitrines de ce Bougatsadiko, à l'ombre des arbres de la place Iroon. La *bougatsa* est une pâtisserie à pâte feuilletée originaire du nord du pays et extrêmement populaire. On la sert au petit déjeuner dans sa version sucrée à la crème vanillée, à base de lait et de semoule, ou dans sa version salée, avec feta ou épinards. Ici, on paye au poids (18 €/kg) et on prend place dans la salle ou sur la terrasse.

● 35 • 1, pl. Iroon • ☎ 210 32 22 088 • T.l.j. 7h-2h, non-stop ven. et sam.

Halles du marché central

❸ SAINT-JEAN-À-LA-COLONNE★★

Agios Ioannis Stin Kolona, une petite église byzantine du XIIe s. au fond d'un jardin en retrait de la rue, passerait inaperçue s'il n'y avait pas cette colonne romaine qui dépasse de son toit ! À l'intérieur, une multitude d'ex-voto pour remercier saint Jean-Baptiste, connu pour guérir les maux de tête.

Evripidou, face au nº 67 • T.l.j. 8h30-12h • Accès libre.

❹ LE MARCHÉ CENTRAL★★★

Une animation extrême règne au cœur de ces belles halles du XIXe s. D'un côté, le marché au poisson ; de l'autre celui à la viande. On s'y bouscule et, au milieu des allées, des musiciens passent tandis que les marchands vantent leurs produits haut et fort. En face, entre les rues Aristogitonos et Armodiou, le marché aux fruits et légumes fait éclater ses couleurs, et dans les échoppes, poules, poulets et autres volatiles donnent le ton.

42, Athinas • Lun.-sam. 7h-15h.

❺ PLACE KOTZIA★★

Véritable parenthèse paisible le long d'une artère agitée, c'est une jolie place ornée de sculptures et d'une fontaine rafraîchissante, aménagée pour les Jeux olympiques de 2004. De nombreux concerts en plein air se jouent ici, quand ce ne sont pas les manifestants qui font entendre leur voix devant l'hôtel de ville, reconnaissable à sa façade typiquement grecque sur la rue Athinas. L'endroit parfait pour siroter un frappé en regardant le ballet des passants.

❻ VESTIGES ANTIQUES DE LA RUE AIOLOU*

Lors de la construction de cet immeuble (aux n° 82-84), les fondations furent évidées pour mettre en valeur les vestiges des fortifications antiques d'Athènes, ainsi qu'une ancienne porte datant du Ve s. av. J.-C. On distingue le tracé d'une route sur laquelle les roues des charrues, à force de passage, ont laissé des ornières. D'autres vestiges sont également à voir juste en face.

Parcours Street Art

Quelques-unes des plus belles œuvres du street art sont concentrées à Psiri. En levant la tête, place Iroon, de gigantesques visages sourient aux passants (par **Alexandre Vousmoulakis**, www.vasmou.com). Juste derrière la place, en prenant la rue Riga Palamidou, se trouve le **théâtre** occupé et autogéré **Embros**. Les murs de cette rue sont couverts de fresques murales, dont l'immense tête du chien Loukanikos, mascotte des manifestations anti-austérités des années 2010-2015 (un hommage collectif signé par **Smart, N. Grams** et **Martinez**). Perpendiculaire, la rue Sarri est une véritable galerie, entre la caserne de pompiers à droite ou encore la **galerie Alibi** consacrée au street art (12, Sarri, www.alibigallery.com). C'est dans cette rue, que l'on peut voir l'œuvre (ci-contre) de l'artiste de **Alex Kataras**. À gauche, tout au bout, dans la toute petite rue Tournavitou, l'œuvre de l'artiste **Achilles**, un visage de femme aux cheveux mauves peint sur deux murs différents, donne un effet de perspective et de mouvement.

Rue Sarri

Pour un panorama complet du street art : Alternative Athens (voir p. 184) propose une visite guidée traversant Gazi, Metaxourgieo et Psiri

Quelques boutiques et pauses à ne pas manquer...

Psiri est le quartier marchand de la ville dont le marché central donne le pouls. Mais c'est aussi un lieu ponctué de jolies boutiques à découvrir et de bonnes adresses pour déjeuner ou faire une pause sucrée...

ELIXIR

Elixir est l'une des plus belles boutiques de la rue Evripidou. Ici s'entassent, du sol au plafond, des casiers de bois fermés par une vitre regorgeant de mille variétés de plantes, de graines, de miels et d'épices. Au plaisir des couleurs et des odeurs s'ajoute la douceur des savons maison (4 €). Au lait d'avoine ou mêlant cannelle et rose, cèdre et basilic, romarin et laurier, lavande et orange, anis et camomille, ils associent le bien-être au raffinement.

Elixir

● 22 • 41, Evripidou • ☎ 210 32 15 141 • Lun.-sam. 7h-17h.

PASIALIS

La boutique semble trop petite pour contenir toute la marchandise de ce grossiste en ustensiles de cuisine. Casseroles, râpes, passoires : vous trouverez tout le matériel nécessaire pour concocter et présenter vos petits plats à des prix très raisonnables !

● 23 • 5, Pallados • ☎ 210 32 14 200 • Lun., mer. et sam. 8h-15h30, mar., jeu. et ven. 8h-17h30.

LITTLE KOOK

Tel un conte de fée qui déborde sur la rue, ce café-pâtisserie cou-

Little Kook

ronné par un grand dragon ravit les enfants, petits et grands. Après avoir montré patte blanche auprès des serveuses costumées, on pénètre dans un monde au décor baroque et chargé, rempli de pendules, chouettes, lapins, monstres, boîtes magiques... Alice aux pays des Merveilles, Blanche-Neige et les sept nains ou Mary Poppins : le thème change quatre fois par an (printemps, été, Halloween, Noël). À la carte, des charlottes aux fraises, des cheese cakes et autres forêts noires bien sucrés afin de régresser un peu plus en enfance.

● 36 • 17, Karaiskaki • ☎ 210 32 14 144 • T.l.j. 10h-minuit • 6 à 7,3 € la pâtisserie.

HOOCUT

L'adresse fait le buzz depuis son ouverture en 2018 : cinq grands chefs d'Athènes donnent ici leur interprétation du traditionnel sandwich grec. La carte est minimaliste. On choisit sa viande – porc, poulet, bœuf, mouton ou bifteki (boulette) – qui est grillée devant soi. On choisit si on la souhaite dans une pitta avec sa sauce et ses petits légumes frais (3 € environ) ; en version club sandwich (8 € environ) ou alors servie sur une assiette avec des frites (10 € environ). Un vrai régal !

● 37 • 9, Place Ag. Irinis • ☎ 210 32 40 026 • www.hoocut.gr • Dim.-jeu. 12h-00h30, ven. et sam. 12h-1h.

5 Thissio, Gazi ET KERAMIKOS

● Restos & bistrots p. 115 ● Bars, clubs & sorties p. 143 ● Boutiques p. 168

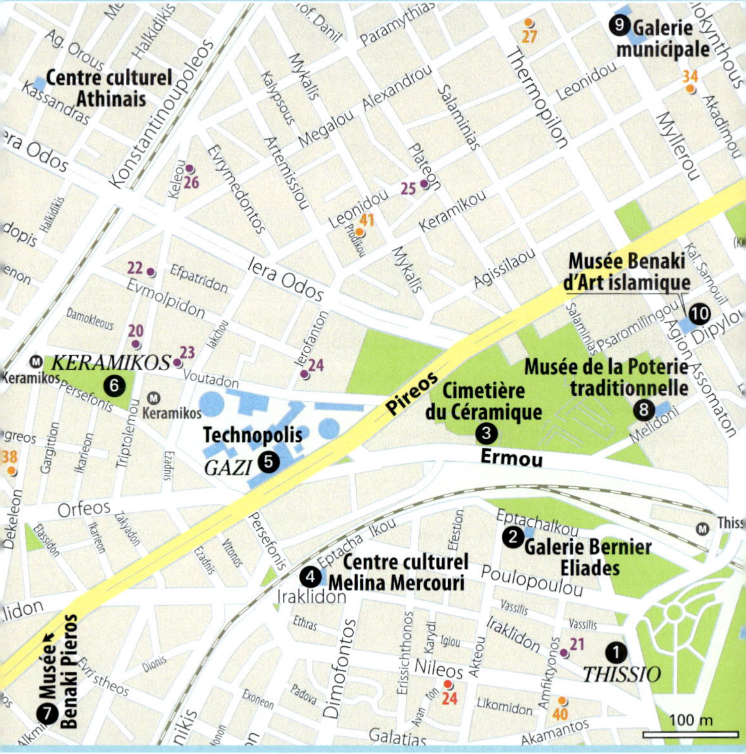

Ancienne friche industrielle, ce quartier s'est métamorphosé au début des années 2000 avec la reconversion de l'ancienne usine à gaz et l'arrivée jusque là de l'esplanade piétonne qui unit tous les sites archéologiques. Bars, clubs et galeries s'y sont installés et en font un haut lieu de la nuit athénienne.

❶ THISSIO**

À la sortie du métro Thissio, les grandes esplanades piétonnes Agion Assomaton et Apostolos Pavlos invitent à flâner le long de l'ancienne Agora. Sur les pavés se tient un marché informel : des dizaines de petits artisans et créateurs vendent bijoux, sacs en cuir, peintures, accroches rêves... Les terrasses de cafés installent leurs chaises face à l'Acropole, tandis que la nuit, le **cinéma en plein air Thisio**, l'un des plus iconiques d'Athènes avec ses chaises rouges et ses murs envahis de lierre, invite à se faire une toile sous les étoiles .

Cinéma Thisio, 7, Apostolou • ☎ 210 20 34 20 864 • Mai-oct. • www.cine-thisio.gr. • Entrée : 6 € lun.-mer., 8 € jeu.-dim.

❷ GALERIE BERNIER/ELIADES**

La galerie la plus célèbre d'Athènes, créée en 1977, s'est choisie pour écrin un édifice néoclassique de toute beauté. Ses salles immenses et immaculées alignent des œuvres de Gilbert & George, des installations d'Annette Messager ou de Nikos Navridis, des sculptures et des dessins de Jim Shaw, etc. Un lieu bouillonnant de créativité et incontournable pour les férus d'art contemporain.

11, Eptachalkou • ☎ 210 34 13 935 • www.bernier-eliades.gr • Mar.-ven. 10h30-18h30, sam. 12h-16h. • Entrée libre.

❸ CIMETIÈRE DU CÉRAMIQUE ET SON MUSÉE**

Voilà le dernier site de la fameuse promenade archéologique qui part du temple de Zeus Olympien, passe par l'Acropole et se termine ici, au cimetière du Céramique. Les stèles funéraires monumentales taillées dans le marbre se cachent à l'ombre des figuiers. Le Keramikos est un hâvre de quiétude. Toujours traversé par la rivière Eridanos

La Milonga du lundi soir

Depuis 2009, le bas de la rue Ermou accueille une Milonga chaque lundi soir. Experts ou débutants, les amateurs de tango d'Athènes se réunissent pour virevolter sous les étoiles. Tout le monde est bienvenu pour se joindre à la fête. Ce rassemblement festif, spontané et gratuit est un magnifique exemple de la capacité des Grecs à rebondir et à faire un pied de nez à la crise. Les noctambules enchaîneront avec les boîtes de nuit de Gazi ou Keramikos.

Sur l'esplanade en face du musée archéologique du Céramique • Lun. 22h30-3h30 environ • Rens. Georgos Minadakis • ☎ 3069 36 75 351.

Cimetière du Céramique

(petit biotope avec grenouilles et libellules), le site est riche en glaise. Dans l'Antiquité, les potiers s'y étaient installés (d'où le nom du cimetière) : ils fabriquaient sur place des urnes funéraires et autres objets en céramique aujourd'hui exposés dans le musée.

148, Ermou • ☎ 210 34 63 552 • Avr.-oct. : t.l.j. 8h-20h ; nov.-mars : t.l.j. 8h30-15h • Entrée : 4 € ou billet combiné « Sites archéologiques » (voir p. 186).

❹ CENTRE MÉLINA MERCOURI*

Entre Thissio et Gazi, ce centre culturel municipal occupe une ancienne usine à chapeaux de la fin du XIXe s. Il porte le nom de Mélina Mercouri (1920-1994) chanteuse, actrice et femme politique engagée qui fut ministre de la Culture. Il abrite deux musées, l'un dédié à l'Athènes du début du XXe s., l'autre au théâtre d'ombre à travers le matériel réuni par la famille d'artistes Charidimos.

66, Iraklidon • ☎ 210 34 52 150 • Mar.-sam. 10h-20h, dim. 10h-14h • Entrée libre • Concerts, expositions temporaires.

❺ TECHNOPOLIS**

L'usine à gaz édifiée à la fin du XIXe s. qui alimentait en électricité tout Athènes a été convertie en centre pluriculturel à l'orée du nouveau millénaire. Autour du bâtiment de fer et de verre de la station Athina 9.84 – la première radio libre grecque –, les anciens entrepôts accueillent désormais des expositions temporaires, des spectacles, le Festival de jazz d'Athènes, un **musée industriel du Gaz** (mar.-dim. 10h-18h) et le **Café Technopolis** (lun.-jeu. 8h-21h, sam.-dim. 9h-22h). Le site devient magique lorsque, la nuit tombée, les cheminées de brique rougeoient comme autrefois.

100, Pireos • ☎ 210 34 67 322 • www.technopolis-athens.com • T.l.j. 9h-21h • Accès libre (sf. expositions).

❻ KERAMIKOS*

Juste derrière Technopolis, la grande place du métro Kéramikos attire chaque nuit – et plus encore le week-end – une faune jeune et fêtarde (la place est déserte le jour). Les bars se succèdent avec leurs façades design, distillant leurs décibels et leurs vapeurs d'alcool. Abritant une grande salle de concert, **le Gazarte** se distingue par sa programmation de groupes internationaux (jazz, rock, grecs...) plusieurs fois par mois. De son roof-top, on jouit d'une magnifique vue sur les cheminées rougeoyantes de Technopolis, l'Acropole et le Lycabette (voir p. 136) Dès que l'on s'écarte de la place, le quartier devient plus chaotique, avec ses immeubles décrépis et les ruines de son passé industriel. C'est pourtant ici, en particulier autour de la rue Keramikou en direction de Metaxourgio, que se prolonge la nuit avec des adresses plus alternatives.

❼ MUSÉE BENAKI PIREOS*

Inauguré pour les Jeux olympiques de 2004 et installé dans un immense bâtiment industriel tout rouge, ce musée Benaki accueille des expositions temporaires d'art contemporain : photo, peinture, art vidéo et design. Une annexe qui mérite le détour autant pour sa programmation pointue que pour l'architecture de son bâtiment, sa boutique de souvenirs arty et sa cour intérieure si tranquille.

138, Pireos • ☎ 210 34 53 111 • www.benaki.gr • Jeu et dim. 10h-18h,

Technopolis

ven. et sam. 10h-22h, f. lun.-mer. et août • Entrée plein tarif : 6-8 €.

8 MUSÉE DE LA POTERIE TRADITIONNELLE*

Niché dans une belle maison néoclassique, le musée de la fondation Psaropoulos montre l'art de la poterie traditionnelle (1800-1950) de façon très didactique et bien adaptée aux enfants. Après les salles d'exposition aux plafonds peints, prenez un cours virtuel en visitant, sous la verrière et dans les salles attenantes, les reconstitutions d'ateliers où les différentes techniques sont illustrées en vidéo.

4-6, Melidoni • ☎ 210 33 18 491 • www.potterymuseum.gr • Lun.-ven. 9h-15h, dim. sur r.-v. • Entrée libre.

9 GALERIE MUNICIPALE D'ATHÈNES**

Les collections de la Galerie municipale d'Athènes retracent le travail de nombreux artistes, dont la majorité sont grecs. Ces quelque 3 000 œuvres illustrent les tendances et les influences extérieures qui ont marqué l'art grec de la guerre d'Indépendance à nos jours.

La collection

Entre 1820 et 1960, l'art oscille entre un naturalisme conservateur et les mouvements artistiques révolutionnaires européens comme le fauvisme, l'expressionnisme, le cubisme, le futurisme ou l'abstraction. Toutes ces tendances se retrouvent au gré des salles, et l'on découvre des artistes de talent appartenant au courant

La Galerie municipale

académique, à l'image de Spyridon Prosalentis. Chez Georgios Iakovidis, l'orientalisme se mêle à l'Art nouveau, et les paysages aux couleurs chaudes de Périclès et Nikolaos Lytras, d'Odysseus Fokas, de Costas Plakotaris, de Démétrios Galanis et de Spyros Papaloukas sont de toute beauté.
Metaxourgeio Building • 32, Myllerou • ☎ 210 52 02 420 • Mar. 10h-21h, mer.-sam. 10h-19h et 17h-21h, dim. 10h-16h • Accès libre.

Musée d'Art islamique

⑩ MUSÉE BENAKI D'ART ISLAMIQUE**

Installée dans un beau bâtiment néoclassique, cette antenne du musée Bénaki expose une des plus importantes collections d'art islamique au monde. Antonis Bénakis, le fondateur, a commencé sa collection au début du XXe s. en Egypte. Portes en bois sculptés de Mésopotamie, céramiques ottomanes, bijoux en or et argent, armures, selle en velours de Bursa, astrolabe... Les objets exposés couvrent une aire géographique qui s'étend du Pakistan à l'Espagne, et une période qui va de la naissance de l'Islam en Arabie jusqu'à la dissolution de l'Empire ottoman. Grandes expositions temporaires.
22, Ag. Assomaton & 12, Dipilou • ☎ 210 32 51 311 • www.benaki.org • Jeu.-dim. 10h-18h • 9 € ou billet combiné musées Bénaki.

Pause gourmande à Keramikos : Kappa

Situé dans un ancien atelier sidérurgique, ce café-restaurant décontracté, éclectique et vintage côté déco, offre une agréable pause, que ce soit pour un café, une pâtisserie ou un délicieux repas. Fromages, légumes et charcuteries viennent de Crète, des Cyclades ou encore du Péloponnèse. Les plats traditionnels grecs sont revisités, à l'image du caviar d'aubergine à la crème de poivron de Florina et au salami sec de Leucade, ou bien encore la saucisse de Kardista (Grèce centrale) servie avec une pomme de terre moelleuse... La carte des desserts change tous les jours : cheesecake, tiramisu, baklava... Jolie cour intérieure.
● 41 • 6, Prodikou • ☎ 210 34 71 841 • Mar.-dim. 13h-minuit • 13-16 €/pers.

6 Syntagma ET LE JARDIN NATIONAL

● Restos & bistrots p. 116 ● Bars, clubs & sorties p. 146 ● Boutiques p. 168

Athènes rayonne autour de la place Syntagma, où règne une animation permanente. D'un côté, l'effervescence du quartier de Plaka et de la rue Ermou, la plus commerçante de la ville,de l'autre, le calme de l'immense Jardin national, où se dressent le Zappéion et le temple de Zeus olympien.

❶ PLACE SYNTAGMA ET LA RELÈVE DE LA GARDE★★★

Au pied du Parlement, deux ***evzones*** montent la garde nuit et jour devant le monument du Soldat inconnu. Il faut être costaud, grand et avoir 18 ans pour faire partie de ce corps d'élite. La fustanelle (jupon court) de leur costume traditionnel est formée de 400 plis symbolisant les années passées sous l'occupation ottomane. Lors de la relève, ils font claquer sur le marbre blanc les clous de leurs chaussures rouges à pompon. Attention, le dimanche à 11h, toute la garnison se déplace !

Relève toutes les heures.

Relève de la garde

Le Jardin national

❷ JARDIN NATIONAL★★

Ce vaste jardin de 16 ha, achevé en 1860 pour le roi Otton Ier et la reine Amalia, est une oasis de sérénité qui abrite plus de 500 essences de plantes et de fleurs différentes. L'esprit vagabonde au gré des allées de ce lieu très romantique, découvrant des sculptures, une mare aux canards, un petit **parc zoologique** ou un pavillon abritant le **Musée botanique.** À l'opposé de la place Syntagma (à côté de l'entrée de la rue Irodou Attikou), se cache, le café **To kafenedaki tou Kipou** (« le petit café du jardin »), où il est agréable de boire un café ou un jus d'orange frais.

Entrée sur Vasilissis Sofias et Amalias • T.l.j. de l'aube au crépuscule.

7 Autour de l'avenue VASSILEOS KONSTANDINOU

● Restos & bistrots p. 117 ● Bars, clubs & sorties p. 147 ● Boutiques p. 168

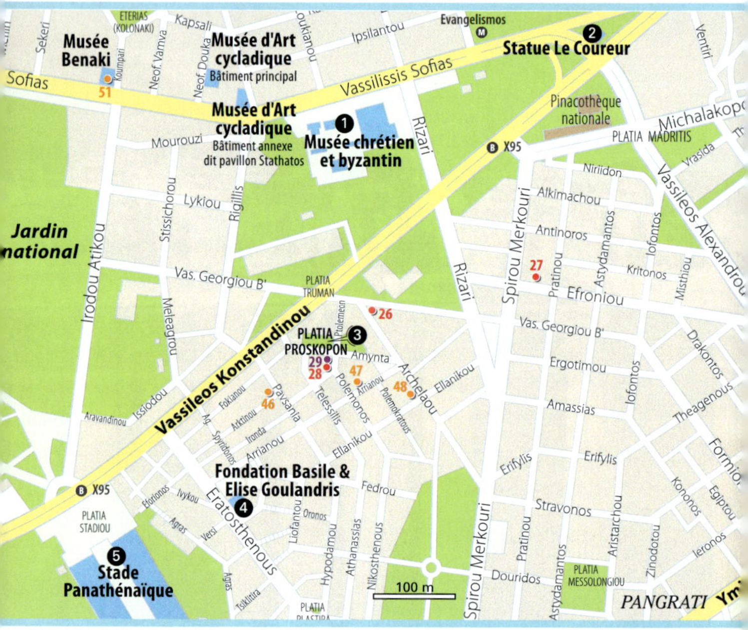

Est-ce pour cela qu'il y ferait plus frais ? L'une des grandes rivières d'Athènes, l'Ilissos aujourd'hui enterrée, s'écoule sous l'avenue Konstandinou. Elle forme toujours la frontière sud du centre de la ville, entre le premier stade des Jeux olympiques modernes et l'imposant hôtel Hilton. De part et d'autre, on y trouve deux grands musées, l'un d'art byzantin et le tout nouveau musée Goulandris, et surtout, lorsque l'on se dirige vers les contreforts du mont Hymette, une vie animée dans le quartier de Pangrati.

❶ MUSÉE CHRÉTIEN ET BYZANTIN★★★

Au cœur d'un joli jardin protégé des rumeurs urbaines, ce très beau musée est une parfaite introduction au monde byzantin de ses origines à sa chute en 1453. L'une des sections du musée fait la part belle à la période de transition entre les mondes antique et byzantin.

Villa Illissia

Étonnante par son architecture signée Stamatis Kleanthes, directement inspirée de la Renaissance italienne avec ses galeries à arcades, la villa Ilissia fut construite autour de 1840 pour Sophie de Marbois-Lebrun, duchesse de Plaisance, au bord de la rivière Ilissos, qui n'est plus visible de nos jours. Le bâtiment, devenu trop étroit pour les collections permanentes, abrite désormais des expositions temporaires.

Musée chrétien et byzantin

Icônes et autres trésors

Pour pallier le manque d'espace et accueillir les collections toujours plus vastes du musée, une extension a été créée en sous-sol en 1993 par Manos Perakis. Ce magnifique ouvrage mérite une visite pour son étonnante architecture et pour sa très belle muséographie contemporaine. Les magnifiques collections se déploient sur plusieurs niveaux. Le musée expose à la fois des pièces d'art majeures mais également des objets de la vie quotidienne (vêtements, objets d'orfèvrerie, céramique...). Parmi les œuvres d'art, il ne faut pas manquer la salle des icônes, avec notamment de fabuleuses icônes à double face des XIVe et XVe s., celle des fresques murales ou encore le Trésor de Mytilène ou la chysobulle (un document garantissant des privilèges) signée l'empereur Andronikos II. Dans la cour, les arcades des bâtiments attenants à la villa abritent des fragments de très belles mosaïques.

22, Vasilissis Sofias • ☎ 213 21 39 500 • www.byzantinemuseum.gr • Avr.-oct. : lun. 12h-20h, mar.-dim. 8h-20h ; nov.-mars : mar.-dim. 9h-16h • Entrée : 8 €. • Boutique • Café (situé dans le jardin) ouv. t.l.j. 9h-18h.

❷ LE COUREUR**

Sur la place de la Grande-École-de-la-Nation, un imposant sportif s'apprête à prendre le départ. Cette remarquable statue de verre est signée Costas Varotsos, un artiste athénien habitué des sculptures monumentales façonnées dans ce matériau ou en acier. Ce ***Coureur*** colossal et transparent semble à la fois enraciné dans le sol et prêt à s'envoler...

Pl. Megalis tou Genous Scholis.

❸ PLACE PROSKOPON*

Encerclée d'immeubles, cette place ombragée doit son nom aux scouts. Le grand compositeur de musique Manos Hadzizakis (1925-1994) y avait ses habitudes en déjeunant tous les jours à la taverne Magevmenos Avlos (la flûte enchantée), qui existe toujours. Bars, restaurants branchés et salons de thé distillent une atmosphère décontractée. Autrefois encadrée par les rivières qui s'écoulaient du mont Hymette, ce quartier populaire et artistique s'appelait « l'île aux grenouilles ». Il paraît qu'elles croisseraient encore dans les sous-sols.

❹ FONDATION BASIL & ELISE GOULANDRIS***

Cela faisait une décennie que ce musée était attendu. Inaugurée à l'automne 2019, la fondation Basil & Elise Goulandris offre à Athènes un nouvel espace majeur dédié à l'art moderne et contemporain. Grand collectionneur d'art, le couple d'armateurs (décédés respectivement en 1994 et 2000) avait doté depuis longtemps Andros – leur île d'origine – de deux musées remarquablesoù étaient exposés Cézanne, Van Gogh, Matisse, Bonnard mais aussi les grands peintres grecs du XXe s., comme Moralis, Tsarouchis, Tetsis... Désormais, les œuvres majeures de leur collection sont exposées ici, dans le vaisseau amiral de la fondation. Des événements et des ateliers

Pause glacier : Maraboo

Ce petit glacier sert les plus savoureuses glaces d'Athènes : fraise biologique (en saison), noix de coco au laurier, sorbet au chocolat bio 81% Bagua, crème de sésame (tahini) ou encore yaourt grec sont à se damner. Les parfums sont naturels, les produits de toute fraîcheur et la production en petite quantité est quotidienne. Le plus écolo : les cuillères en bambou. Une adresse coup de cœur.

● 48 • 17, Archelaou • M° Evanguelismou • www.marabooicecream.gr • ☎ 210 72 47 037 • Lun.-ven. 14h-23h et sam.-dim. 12h-00h

Le stade Panathénaïque

pour adultes et enfants (en grec ou en anglais) sont organisés régulièrement comme des concerts de jazz dans le grand théâtre, ils sont annoncés sur le site internet du musée.

13, Eratosthenous • ☎ 210 72 52 895 • www.goulandris.gr • Mar.-dim. 10h-18h, ven. 10h-22h • Entrée plein tarif : 8 €.

❺ STADE PANATHÉNAÏQUE**

Laissez-vous aller à la rêverie, assis sur les gradins de pierre de ce stade monumental édifié pour les premiers jeux modernes de 1896. Plus connue sous le nom de Kallimarmaro (« beau marbre » en grec), cette enceinte de 70 000 spectateurs est la réplique du stade construit par Hérode Atticus en 144 apr. J.-C. pour les J.O. antiques d'Athènes. Peut-être battrez-vous quelques records... de farniente !

Vassileos Konstantinou • ☎ 210 75 22 984 • T.l.j. 8h-19h • 5 €.

Musée Benaki

Elle donne accès à une galerie qui, via le jardin intérieur où se trouve le café, conduit au musée d'Art cycladique à proprement parler.

4, Neophytou Douka • ☎ 210 72 28 321 • www.cycladic.gr • Lun., mer., ven. et sam. 10h-17h, jeu. 10h-20h, dim. 11h-17h • Entrée : 7 € (collections permanentes), 10 € (expositions temporaires).

❷ MUSÉE BENAKI***

Fondé en 1930 par le collectionneur Antónis Benákis, le musée qui porte son nom est l'un des plus étonnants, des plus riches et des plus beaux d'Athènes. Ses collections reflètent l'art grec sous toutes ses formes et à travers les siècles. À voir également, une impressionnante collection personnelle d'œuvres et d'objets.

Le legs Benakis

Face au magnifique Jardin national qu'il domine, le musée Benaki est en réalité l'ancienne demeure de la famille Benakis, somptueux bâtiment néoclassique du début du XXe s. Près de 40 salles abritent les trésors accumulés par Antónis Benákis (1873-1954), l'un des plus riches mécènes grecs, dont le père avait fait fortune à Alexandrie, mais également les nombreux dons qu'il reçut et lui permirent de constituer un fabuleux fonds, légué à l'État. Le musée conserve ainsi pas moins de 45 000 pièces, dont 15 000 jouets anciens et objets liés à l'enfance, 45 000 livres et 650 documents d'archives. Des merveilles, mais aussi de simples objets usuels et des costumes.

Une collection unique

Au rez-de-chaussée, les collections vont de la préhistoire à l'époque romaine et à l'Empire byzantin. Le 1er étage est consacré à l'hellénisme pendant la domination turque et à l'art religieux de la fin de la période byzantine. Le 2e étage est un témoignage de la vie quotidienne au XIXe s., et le 3e étage évoque la période moderne. Ne manquez pas, entre le 1er et le 2e étage, le café-restaurant, dont la terrasse surplombe le Jardin national, ni la boutique du musée, qui propose une superbe sélection de répliques d'art grec et byzantin. De très beaux bijoux, céramiques,

icônes religieuses, sculptures et livres sont également en vente.
1, Koumbari • ☎ 210 36 71 000 • www.benaki.gr • Lun., mer., ven. et sam. 9h-17h, jeu. 9h-minuit, dim. 9h-15h • Entrée : 9 €, 7 € (expositions temporaires) et billet combiné musées Bénaki.

❸ GHIKA GALLERY

Cette antenne du musée Benaki donne un coup de projecteur sur la brillante génération d'artistes grecs du milieu du XXe s. Si cette période a été politiquement sombre, elle bouillonnait en revanche de créativité sur le plan artistique. Sur six étages, ce musée expose tout ce que la Grèce a compté de peintres, musiciens, architectes, photographes et poètes...
Le résultat est un melting-pot fascinant : des clichés en noir et blanc d'une danseuse des années 1920 dans l'Acropole par Nelly's, les partitions de Maria Callas, ou les carnets de Georges Séféris, prix Nobel de littérature en 1963. Les deux derniers étages sont occupés par l'atelier et les appartements du peintre Nikos Hadjikyriakos-

Un *kafedaki* à Kolonaki

Avec son microsquare arboré, ses kiosques à journaux, ses taxis et ses fameuses terrasses ouvertes hiver comme été, la place Kolonaki est LE lieu de rendez-vous des Athéniens. On s'y retrouve à toute heure dans l'un des cafés à l'angle de la rue Tsakalof et de la place pour déguster un café frappé. Parmi les terrasses les plus prisées :

● 52 • Da Capo : 1, Tsakalof ☎ 210 36 02 497 • T.l.j. 6h30-0h30. D'inspiration italienne, un comptoir et une petite terrasse où déguster un cappuccino et un panini.
• Café Peros : 2, Tsakalof ☎ 210 36 45 068 • T.l.j. 7h-minuit. Des tables à l'intérieur où s'asseoir lorsqu'il n'y a plus de place à l'extérieur.

Ghika (1906-1994) : le père du modernisme grec en a fait don au musée Benaki de son vivant.

3, Kriezotou Str. • ☎ 210 36 15 702 • www.benaki.gr • Ven.-sam. 10h-18h • 9 € et billet combiné musées Bénaki • audioguide (gratuit) en français.

❹ MUSÉE DES TECHNOLOGIES DE LA GRÈCE ANCIENNE

Trois cents expériences permettent de découvrir toute l'ingéniosité des Grecs dans l'Antiquité. L'objectif de Kostas Kotsanas, le fondateur du musée : montrer que les Grecs n'ont pas seulement brillé en philosophie, dans les arts ou encore les sciences, mais aussi en technologie. On y découvre ainsi pèle-mêle : un robot aux bras articulés qui distribue de l'eau et du vin, une machine à vapeur qui tourne dans les airs, une alarme de maison, l'ouverture automatique des portes du temple, un ordinateur qui calcule la position des planètes et les éclipses solaires et lunaires... La visite guidée est recommandée afin de comprendre et de jouer avec les expériences.

6, Pindarou • ☎ 211 41 10 044 • www.kotsanas.com • horaires variables (voir le site Internet) • 5 €, 10 € la visite guidée.

La colline du Lycabette

❺ CINE DEXAMENI★★

Plantée d'arbres et de lauriers-roses, la **place Dexamenis** a été construite sur un ancien réservoir d'eau au pied du Lycabette. Elle révèle son charme particulier quand, les soirées chaudes de l'été venues, son cinéma s'y installe. Goûtez au plaisir d'un film à la belle étoile avec, pour bruit de fond, le gazouillis des oiseaux (et aussi le vrombissement des vélomoteurs...), tout en sirotant une boisson. Les films étrangers sont projetés en V.O. sous-titrée en grec.

Pl. Dexamenis • ☎ 210 36 02 363 ou 210 36 23 942 • http://cinedexameni.gr • De mi-mai à fin sept., une ou deux séances par soirée • 8 €, le mer., offre : 1 billet pour 2 pers.

❻ MARCHÉ DE KOLONAKI★★

Si vous êtes dans le quartier le vendredi matin, ne manquez pas l'occasion de voir un marché (un *laïk*), à l'atmosphère si joyeuse. De nombreux paysans viennent eux-mêmes y vendre

Chapelle Saint-Georges

leur production. Sur les étals, vous verrez donc de beaux fruits et légumes, forcément « bio » : d'étonnantes tomates à la chair pleine, des oranges du Péloponnèse, délicieuses en jus, des olives en vrac et des légumes verts « exotiques » que vous retrouverez au menu des tavernes traditionnelles. Sans oublier les camelots, qui bradent toutes sortes d'articles ménagers.
Xenokratous • Ven. 8h-14h.

7 COLLINE DU LYCABETTE***

Réservez-vous pour la descente et empruntez le funiculaire (Teleferik) ultramoderne pour accéder en 3 min au sommet. En haut, profitez de la vue qui s'étend aussi loin que les îles d'Égine et de Salamine. Après une halte dans la **chapelle Saint-Georges,** admirez le coucher de soleil (vous ne serez pas tout seul), adossé au parapet de la toute petite place pavée de marbre, où un olivier dispute l'espace à une cloche de bronze. Puis redescendez en parcourant les jardins en terrasses plantés de figuiers de Barbarie, d'aloès et de cyprès, le cœur léger et les yeux éblouis.
Accès à pied ou par le funiculaire (face au 18, Aristipou) • ☎ 210 72 10 701 • T.l.j. 9h-2h, ttes les 30 min • Billet : 7,5 € (aller-retour).

4, Korai • ☎ 210 32 43 581
• www.korai4.gr • mar.-sam. 9h-14h
• Entrée gratuite.

❸ MUSÉE NUMISMATIQUE D'ATHÈNES★★★

Iliou Melatron, ou palais d'Ilion, fut la résidence d'Heinrich Schliemann (1822-1890), archéologue célèbre pour avoir découvert l'antique Troie, la cité de l'Iliade.
Il demanda à l'architecte allemand Ernst Ziller de lui construire ce splendide édifice, qui fut inauguré en grande pompe en 1881.
Aujourd'hui, il abrite l'une des plus prestigieuses collections de monnaies et médailles au monde.

Musée numismatique

Une architecture et un décor éclectiques

Ernst Ziller adapte ici une architecture de style Renaissance italienne à l'esprit néoclassique. Ainsi, deux étages d'arcades formant galeries brisent et animent la verticalité de la façade. Quant à l'ensemble de la décoration intérieure, les meilleurs artisans y travaillèrent et retracèrent en un véritable panégyrique les découvertes archéologiques de Schliemann. Des mosaïstes italiens réalisèrent les sols où alternent avec la représentation de motifs géométriques ceux d'objets stylisés trouvés lors des fouilles de Mycènes et de Troie. Les décors des plafonds et les peintures murales, exécutés par Yuri Soubic, un artiste slovène, sont les répliques exactes des fresques découvertes à Pompéi.

La collection

Riche de 600 000 pièces, elle retrace l'histoire des premières monnaies du Bassin méditerranéen apparues au VIIe s. av. J.-C.
Ces pièces sont de précieux témoignages du passé. Elles reproduisent des sites anciens, comme l'Acropole, des sculptures aujourd'hui disparues, telles la statue de Zeus à Olympie réalisée par Phidias, ou l'Athéna Promachos qui se dressait sur l'Acropole en mémoire de la victoire de Marathon en 490 av. J.-C. On y retrouve des animaux, symboles des cités, comme la chouette d'Athènes sur la tétradrachme d'argent, première pièce de monnaie internationale.
12, Panepistimiou • ☎ 210 36 43 774
• www.nummus.gr • Mar.-dim.
8h30-15h30 • Entrée : 6 €.

❹ RUE VOUKOURESTIOU*

Cette petite rue piétonne, entre Akadimias et Panepistimiou, abrite des boutiques de luxe, dont quelques fourreurs et joailliers tels Zolotas ou Ilias Lalaounis.

❺ STATUE ÉQUESTRE DE THEODOROS KOLOKOTRONIS*

Devant l'ancien Parlement caracole le général Theodoros Kolokotronis (1770-1843), héros de l'indépendance grecque avec Karaïskakis, Makrygianis et Kanaris. À la tête d'une armée de rebelles, il remporta de nombreuses victoires contre les Turcs. Plus tard, partisan du « parti russe », il s'opposa à la régence, fut condamné à mort pour haute trahison, puis gracié par Otton Ier.

Stadiou.

❻ MUSÉE DE LA VILLE D'ATHÈNES**

Appelé le Vieux Palais, ce petit musée est l'ancienne résidence du roi Otton Ier et de la reine Amalia. Au fil des salons, on découvre un splendide mobilier et des portraits royaux. La visite se termine au dernier étage par une magnifique collection d'aquarelles d'artistes anglais, suisses, allemands et italiens, venus peindre les ruines d'Athènes du XVIIIe au XXe s.

5-7, Paparigopoulou • ☎ 210 32 46 164 • Lun., mer.-ven. 9h-16h, sam.-dim. 10h-15h • Entrée : 5 €.

Pour une pause cachée : The Black Duck Garden

Coup de cœur assuré pour ce bistrot qui jouxte le musée de la Ville d'Athènes. L'hiver, réfugiez-vous dans sa salle chaleureuse ; aux beaux jours, préférez son jardin. Laissez-vous tenter par une assiette de fromages grecs ou une crème de yaourt servie avec un biscuit croustillant au citron et au *mastiha*.

● 57 • 5-7, Paparigopoulou • ☎ 210 32 52 396 • www.blackduck.gr • T.l.j. 10h-1h (19h l'hiver) • Salades : 10-12 € ; tarte du jour : 7,50 €.

et les expositions temporaires, toujours remarquables par la modernité de leur scénographie.

La collection cycladique

Cet art, qui s'est développé dans les Cyclades entre le troisième millénaire et le VIe s. av. J.-C., est remarquable par ses figurines en marbre blanc appelées « idoles cycladiques ». Les formes sont simplifiées à l'extrême et les lignes pures, soulignées par un fin polissage. Un joueur de harpe se limite à ses contours essentiels, tandis qu'un corps humain prend l'aspect d'un violon, devançant les idées de Man Ray.

Musée archéologique national

La collection mycénienne

Homère évoquait la richesse de la citadelle de Mycènes. En effet, les murs étaient couverts de fresques et les tombes royales, datant du XVIe s. av. J.-C., ont fourni quantité de vaisselle, de coupes en argent, d'armes, de bijoux et objets en or, dont les masques représentant les visages des rois défunts.

La collection de sculptures

Comptant parmi l'une des plus importantes collections au monde, elle retrace l'évolution de la sculpture grecque depuis le VIIe s. av. J.-C. jusqu'à la période byzantine. L'art archaïque s'exprime à travers la frontalité des *korai* dont le visage arbore ce fameux sourire. Puis vient l'apogée avec le classicisme. L'*Éphèbe de Marathon* est peut-être une œuvre de Praxitèle, et le *Diadumène* de Polyclète illustre les canons d'un idéal tant recherché par le sculpteur. Deux bronzes se disputent la place d'œuvre-phare du musée : l'imposant *Poséidon* et le *Jeune jockey* au visage transfiguré par l'effort sur son cheval lancé au galop.

44-28, Oktovriou • ☎ 210 82 17 717 • www.namuseum.gr • Avr.-oct. : mer.-lun. 8h-20h, mar. 12h30-20h ; nov.-mars : mer.-lun. 8h30-16h, mar. 13h-20h • Entrée : 10 €, 5 € en hiver.

Le patio du musée archéologique

❸ EXARCHIA

Anarchistes, révolutionnaires, pacifistes, mouvements de solidarité envers les réfugiés : tout le quartier d'Exarchia est marqué par l'engagement politique à gauche qui s'exprime sur ses murs. Au 84 de la rue Emmanuel Benaki, une gigantesque œuvre de street art peinte par l'artiste Wild Drawing sur un immeuble éventré est dédiée à tous les sans-abri de la Terre, tandis qu'à l'angle des rues piétonnes Tzavela et Messolonghiou, une plaque commémorative est dédiée à Alexandros Grigoropoulos. Cet adolescent de 15 ans a été abattu sans raison par un policier le 6 décembre 2008. Ce drame fut l'étincelle d'une explosion sociale qui dura des mois : les jeunes – et à leur suite une grande part de la population – exprimèrent alors leur colère contre une société corrompue.

Pause au Musée archéologique

Voilà une halte salvatrice dans le plus grand musée de Grèce. Entouré par un péristyle, un beau jardin occupe la cour intérieure. Y sont plantées des essences mentionnées dans la mythologie et les textes antiques (oliviers, myrthe et romarin). Quelques statues posées sous les arcades permettent de prolonger l'expérience de la visite à l'ombre et au calme, tout en sirotant un café ou en grignotant un chausson au fromage.

● 62 • To Kafé tou mouseiou (Le café du musée), accès depuis l'entrée du musée ou par la salle 17 • ☎ 210 88 34 139 • Ouv. aux mêmes heures que le musée, f. à 19h20 • Café 2,5-4,5 €, tyropita 2,8 €, salade grecque 6 €.

11 Le Pirée et le CENTRE CULTUREL DE LA FONDATION NIARCHOS

● Restos & bistrots p. 123 ● Bars, clubs & sorties p. 152 ● Boutiques p. 174

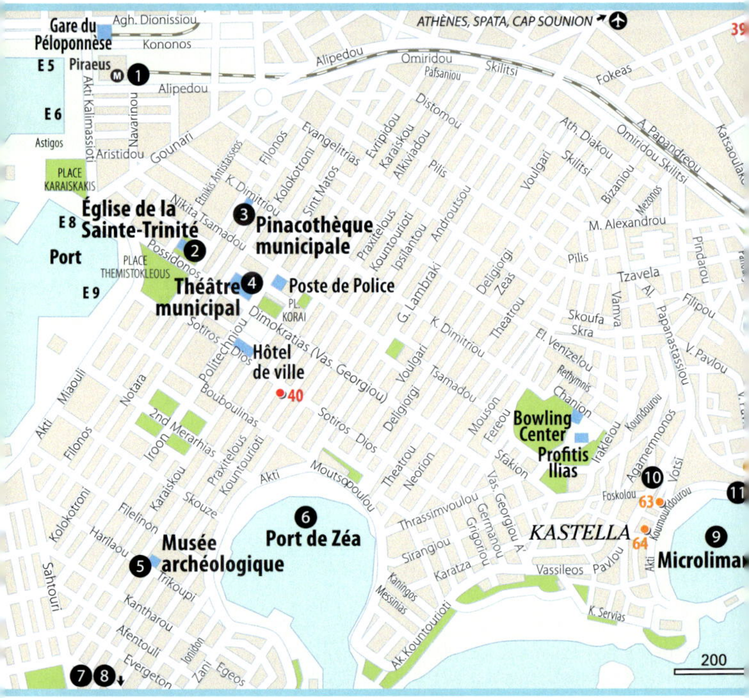

La plupart des touristes ne connaissent du Pirée que l'embarcadère, encombré de véhicules en partance pour les îles. Pourtant, fondé au Vᵉ s. av. J.-C., le port d'Athènes est une ville à part entière, avec trois ports, des musées et des sites archéologiques. En prime, le tout récent Centre culturel de la fondation Niarchos n'est qu'à quelques stations de tramway.

❶ STATION DE MÉTRO PIRAEUS*

Les voyageurs qui transitent par cette station pour aller prendre le bateau vers les îles ou les Athéniens pour venir travailler au Pirée, connaissent bien ce majestueux bâtiment. Édifiée au début du XXe s., la station est surmontée d'une voûte de fer et de verre (1929), semblable à celles des gares européennes construites à la fin du XIXe s. Ses murs sont ornés de peintures des étudiants de l'École des beaux-arts d'Athènes

❷ ÉGLISE DE LA SAINTE-TRINITÉ**

Superbe édifice datant du XVIIIe s., la cathédrale orthodoxe **Agia Triada** est aussi somptueusement décorée sur ses façades qu'à l'intérieur. Les icônes, les décorations sur la coupole et le lustre créent une atmosphère toute particulière. L'édifice semble récent, et pour cause : un bombardement « ami » par les Anglais en 1944, pour combattre une attaque allemande, le détruisit entièrement. Lors de sa reconstruction, la cathédrale fut reproduite à l'identique mais réorientée de 15° afin de l'aligner avec les autres bâtiments de la rue.
2, Ethnikis Antistaseos • T.l.j. 8h-14h.

❸ PINACOTHÈQUE MUNICIPALE*

Autrefois située dans l'enceinte du théâtre municipal, la pinacothèque du Pirée a emménagé en 2001 dans une belle bâtisse du XIXe s.

L'église de la Sainte-Trinité

Musée archéologique du Pirée

qui abrita un temps un bureau de poste. Les collections des peintres grecs des XIXe et XXe s. – dont Nikolaos Lytras, Periclès Vyzantios, Hector Doukas ou le naïf Stamatis Lazarou – ne sont pas visibles en permanence puisque les salles aux plafonds à caissons peints accueillent aussi des expositions temporaires.

29, Filonos • ☎ 210 41 01 401 • Ouv. lors des expositions • Accès payant.

❹ THÉÂTRE MUNICIPAL*

Achevé à la fin des années 1880 par Lazarimos alors que Le Pirée s'était considérablement développé, cet édifice parfaitement symétrique est le plus bel exemple néoclassique de la ville. Le monument arbore en façade quatre colonnes corinthiennes surmontées d'un fronton. Le théâtre municipal accueille troupes de danse, concerts et spectacles.

Pl. Korai.

❺ MUSÉE ARCHÉOLOGIQUE DU PIRÉE**

S'il n'est pas aussi riche que celui d'Athènes, le Musée archéologique du Pirée n'en est pas moins agréable. Les collections y sont particulièrement bien mises en valeur. À l'extérieur, vous verrez les ruines du **théâtre de Zéa,** construit au IIe s. sur le modèle du théâtre de Dionysos à Athènes. À l'étage, ne manquez pas l'Apollon du Pirée en bronze, daté du VIe s. av. J. C., et la galerie des bronzes où trône notamment une magnifique Artémis du IVe s. av. J.-C.

31, Harilaou Trikoupi • ☎ 210 45 21 598 • Mar.-dim. 8h-15h • Entrée : 4 €.

6 PORT DE ZÉA*

Face au Musée maritime, le port de Zéa, collé à sa marina, est le rendez-vous des yachts et des embarcations de rêve qui rivalisent de luxe. Allez-y pour le coup d'œil, mais n'attendez rien d'extraordinaire côté ambiance. L'endroit est calme, et les rares cafés peu animés. La vraie vie est à l'intérieur...

7 MUSÉE MARITIME*

Ce musée un peu vieillot s'adresse aux férus de navigation et d'histoire maritime ainsi qu'aux enfants, qui apprécieront les maquettes de navires antiques, comme cette trirème athénienne ayant participé à la guerre du Péloponnèse au Ve s. av. J.-C., ou ce vaisseau de l'ère minoenne (1700-1400 av. J.-C.). Et puisque la marine marchande grecque est la plus importante au monde, ne manquez pas le tableau où sont rassemblés tous ses fanions.

185, Akti Themistokleous, pl. Freastida • ☎ 210 45 16 264 • Mer.-lun. 8h-15h • Entrée : 4 €.

8 OMIRIDOU SKILITSI, LA RUE DES BROCANTEURS*

Ces brocanteurs sont ouverts tous les jours, alors évitez le dimanche, jour de marché, où les camelots envahissent la rue. **Rena E. Georga** (19, Omiridou Skilitsi ; ☎ 210 41 27 418 ; t.l.j. 9h-15h) propose des meubles du XIXe et du début du XXe s, de quoi aménager votre demeure néoclassique... **Panayotis Flabouris** (6, Omiridou Skilitsi ; ☎ 210 41 73 378 ; lun.-ven. 9h-20h) est spécialisé dans les instruments de navigation, mais vend aussi de vieilles caisses enregistreuses Art

Port de Zéa

nouveau, des montres à gousset, des lustres, des appareils photo à chambre, de la vaisselle... Enfin, **Agnès Pantazis** (17, Omiridou Skilitsi ; ☎ 210 41 29 360 ; lun.-ven. 9h30-20h, sam.-dim. 9h30-15h) est une brocante spécialisée dans la marine.

❾ MICROLIMANO*

Le plus petit port, comme son nom l'indique, est aussi le plus charmant et le plus chaleureux. Les pêcheurs y amarrent toujours leurs barques et l'Akti Koumoundourou aligne ses tavernes à poissons, avec leurs grandes terrasses couvertes et leurs serveurs qui hèlent les passants. Évitez d'utiliser l'autre nom du port (Turkolimano), vous vous feriez très mal voir ! Caché derrière une colline, il faut marcher plus de 30 min pour le rejoindre depuis la marina de Zéa. Pour vous éviter ce chemin, vous pouvez prendre le bus n° 20 sur la rue Moutsopoulou, ou alors arriver depuis la station de métro Faliro, à 15 min de marche.

❿ KASTELLA*

Ce quartier aux rues sinueuses, qui surplombe l'adorable port de Microlimano, est parmi les plus anciens du Pirée. Il est aussi l'un des plus prisés avec ses belles demeures néoclassiques dont beaucoup, en ruines, ont été rénovées en résidences haut de gamme. Même si le terrain est très en pente, cela vaut la peine de sillonner les ruelles situées au-dessus de la rue Vassileos Pavlou pour admirer le point de vue sur le port de pêche et les contours de l'île d'Égine.

⓫ CENTRE CULTUREL DE LA FONDATION STAVROS NIARCHOS***

C'est un projet pharaonique né dans la Grèce en crise. Ce gigantesque centre culturel établi dans un parc paysager méditerranéen de 20 ha abrite notamment les nouveaux locaux de la **bibliothèque nationale** et de l'**opéra** lyrique. À l'origine de ce projet la volonté d'un armateur : Stavros Niarchos, décédé en 1996, grand rival d'Aristote Onassis (dont la fondation a elle aussi doté la ville d'un centre culturel). Livré en 2016, le centre a coûté plus de 650 millions d'euros. Son architecte n'est autre que Renzo Piano, à qui l'on doit notamment le Centre Pompidou à Paris. Le centre et son parc forment une immense rampe qui culmine au Lighthouse, où se déroulent expositions et fêtes. Le sommet offre ainsi une vue à 360° sur Athènes, le cirque des montagnes et la mer. Il est coiffé d'une canopée écologique : 1 ha de panneaux solaires qui récoltent aussi les eaux de pluie pour arroser le parc, tandis qu'en bas, l'immense plan d'eau est alimenté en eau de mer. Gratuite, la visite (en anglais) de l'édifice est passionnante, tant on a l'impression de découvrir un chef-d'œuvre architectural :

Centre culturel de la fondation Niarchos

l'opéra est un écrin moderne tapissé de panneaux de bois rouge carmin. Les Athéniens ont adopté immédiatement le complexe culturel. Avec ses nombreux jeux, le parc est un paradis pour les enfants. En plus de concerts et du cinéma en plein air l'été, d'une patinoire en hiver, des dizaines d'activités gratuites sont organisées (en grec et en anglais) : kayak et dériveur le week-end, yoga, qi gong et Pilâtes quasiment tous les jours... (réserver à l'avance sur le site). On peut aussi y louer des vélos et emprunter l'immense pont piéton qui enjambe la voie rapide pour se balader sur la côte. La marina chic Flisvos, avec ses yachts, ses voiliers et ses nombreux cafés, se trouve juste de l'autre côté.

364, Sygrou • ☎ 216 80 91 000 • www.snfcc.org • T.l.j. 9h-21h minimum • Programme sur le site Internet • Programme des concerts et opéras dans les salles Stavros Niarchos Hall et Alternative stage sur www.nationalopera.gr/en • ☎ 210 08 85 700.

Pause à la Fondation Niarchos : le canal café

Posé tout au bout du long canal du SNFCC (Stavros Niarchos Foundation Cultural Center), une cafétéria ultracontemporaine propose café, smoothies et une carte légère, gourmande et *healthy* en self-service : soupe du jour, salades, tortillas, pizzas orientales et burgers. À déguster sur place, sur les tables et chaises colorées face au canal, ou alors à emporter : on s'installe alors dans l'immense parc méditerranéen de la fondation, sur un banc ou sur la pelouse.

● 65 • Evripidou 6, Kallithéa • ☎ 210 94 30 688 • www.canalcafe.org • T.l.j. 8h-minuit • Café à partir de 2,2 €, plats de 4 à 8 €.

12 La Riviera ATHÉNIENNE

Du Pirée au cap Sounion, la pointe sud de l'Attique, le littoral déroule plus de 70 km de côte. Encore peu mise en valeur, elle est pourtant ponctuée de vrais petits paradis : des plages aménagées et des criques sauvages, un lac dans une grotte effondrée et surtout, tout au bout, un temple magnifique dédié à Poséidon qui se dresse face à l'Égée. Une escapade magique !

❶ PLAGE DE KALAMAKI À ALIMOS*

C'est la plage publique la plus proche du centre : 35 minutes de tram et l'on plonge dans la mer Égée. Évidemment, il y a du monde, en particulier le dimanche et tout l'été, et ce n'est pas toujours très propre. Avec sa décoration tropicale, le **Beach bar Bolivar** est une bonne option pour faire du farniente sur le sable blond. Les enfants se régalent dans son ***water park*** flottant.

Beach Bar Bolivar • www.bolivar.gr • Mars-oct. 8h-3h en sem. 24h/24 les week-ends.

Plage de Voula

❷ PLAGES A' ET B' VOULA*

Au sud de Glyfada, l'une des banlieues d'Athènes les plus prisées, vous pourrez profiter d'une après-midi sur l'une des grandes plages municipales de Voula, qui offrent pléthore d'équipements. Chaises longues et parasols alignés au cordeau sur le sable, douches, sanitaires, aires de jeux, toboggan aquatique, terrains de foot et de beach-volley, cafétéria, restaurant... le tout dans un beau jardin méditerranéen. Si vous craignez la foule, préférez les heures matinales aux fins d'après-midi : populaires,

Ellinikó Project

L'aéroport d'Ellinikó a fermé en l'an 2000 pour déménager au nord d'Athènes. Depuis, l'espace de 6 km² en bord de mer est en friche. Mais il a été récemment privatisé : de gigantesques travaux seront prochainement lancés pour créer une ville verte, chic et ultramoderne le long des 3,5 km de côte : business hub, résidences mais aussi une marina de luxe, casino, hôtels, plage et un surtout un immense parc paysager de plus de 20 ha. Le projet est annoncé comme le nouveau cœur d'Athènes.

bon marché et bien entretenues, ces plages sont très fréquentées.
4, Alkyonidon, à Voula • ☎ 210 89 59 632 • Mai-sept. : t.l.j. 8h-18h • Accès payant, gratuit pour les enfants jusqu'à 6 ans.

❸ KAVOURI ET SES TAVERNES**

Juste avant Vouliagmeni, Kavouri est un long bout de côte préservé où une agréable promenade piétonne a été aménagée le long de la mer : sur 1,7 km on égrène petites plages de sable et de galets au calme, avec quelques tavernes merveilleusement situées. Romantique et en balcon sur la mer, l'élégante taverne Garbi comblera toutes les envies de saveurs iodées. Poissons frais et calamars grillés, poulpe au vinaigre, risotto aux fruits de mer, coquillages, tarama… autant de plats finement préparés et présentés. Autre option plus populaire, tout au bout de la plage Kavouri : la taverne I Trypia Varka (à 1 km au sud). Idéale avec des enfants car elle posée sur le sable (mer peu profonde) et jouxtée par une grande aire de jeux. Un spot parfait aussi pour contempler le coucher du soleil.
Taverne Garbi : Iliou 21 & Selini • ☎ 210 89 63 480 • www.garbi.gr • T.l.j. 12h30-minuit • 20-30 €.
I Trypia Varka • ☎ 210 89 63 924 • T.l.j. 9h-1h en été, 10h-19h en hiver • 13-15 €, 4 € le matelas sur la plage. • Métro jusqu'à Ellinikó (20 minutes depuis le centre), puis bus 122

Lac de Vouliagmeni

(20 à 30 minutes). Descendre à la station Kavouri.

❹ LAC DE VOULIAGMENI**

Cette grotte effondrée est l'un des sites les plus spectaculaires et les plus mystérieux de l'Attique. Juste à côté de la mer, son lac se presse contre les falaises des contreforts du mont Hymette. Véritable Spa naturel, on se baigne dans une eau verte, mélange d'une résurgence thermale et d'eau de mer, qui oscille entre 22°C et 29°C. Les vertus d'un bain seraient nombreuses grâce à la forte minéralité de l'eau et aux « doctor fishes », les Garra Rufa : problèmes de peaux, rhumatismes et arthrite seraient soulagés. Mais on vient ici avant tout pour barboter et se relaxer : les abords sont agréablement aménagés avec chaises longues, bar et restaurant.

Vouliagmeni • ☎ 210 89 62 237 • www.limnivouliagmenis.gr • bus 122 depuis le metro Ellinik • T.l.j. 8h-17h30 • Entrée : 12 € • Bar et restaurant sur place.

❺ TA LIMANAKIA**

Juste après le lac, la route forme une série de boucles autour de criques de rêve invisibles. La côte,

Pause petite faim au cap Sounion

Juste avant le Cap s'étire une petite plage de sable où se trouvent deux bonnes tavernes traditionnelles de poisson. On s'y régale de sardines et de poulpes grillés, de caviar d'aubergine et de beignets de courgettes. Les prix sont évidemment un peu élevés car on paie la situation unique au bord de l'eau avec la vue en contreplongée sur le temple de Poseidon. O Ilias est la mieux située avec ses tables à la verticale de la mer.

● 66 • Taverne O Ilias • Plage Sounion • ☎ 229 20 39 114 • 15/20 € par pers.

soudain minérale, est échancrée de petites calanques à l'eau translucide. En saison, une cantine en bois permet de se rafraîchir et de se sustenter. Sinon, on pose sa serviette directement sur les rochers et l'on plonge dans la belle bleue pour profiter au mieux de cette superbe côte sauvage.
Bus 122, arrêt ta Limanakia.

❻ KAPE BEACH**

Les huit derniers kilomètres avant le cap Sounion correspondent à la plus belle portion du littoral, là où il est le mieux préservé : entre garrigue et calcaire blanc, la route ondule le long de la côte avec quelques superbes points de vue sur la mer. Entre les plages de Charakas et Legrena se cache la plage de Kape beach, un petit bijou encore sauvage adossé à une falaise. Au bout d'une volée de marches, sable blond et petits galets se lovent entre les rochers multicolores. Divine, la mer éblouit par ses couleurs et sa transparence. Cette plage se trouve au bout d'une piste en terre (750 m), que l'on prend 6,2 km avant d'arriver au cap Sounion (petit panneau Kape beach).
Embranchement juste avant le panneau indiquant l'entrée dans la municipalité de Lavrion, au km 63. En été, une buvette surplombe la plage.

Temple de Poséidon au cap Sounion

❼ CAP SOUNION★★★

Le site est aussi spectaculaire que romantique. À la pointe sud de l'Attique, un magnifique **temple** se dresse sur un promontoire rocheux face à la mer Égée et ses îles, une soixantaine de mètres au-dessus des flots. Sa situation est évidemment stratégique : le cap contrôle l'entrée du Pirée et autrefois les mines d'argent de Lavrion, toutes proches, qui ont fait la puissance d'Athènes dans l'Antiquité. Cité par Homère, Ulysse aurait fait enterrer son timonier à « Sounion, le saint cap d'Athènes ». Le temple dédié à Poséidon fut érigé vers 440 av J.-C., au temps de Périclès. La légende raconte que la construction de ce temple fut décidée pour dédommager le dieu de la mer qui avait perdu face à Athéna le droit de protéger Athènes. Grand amoureux de la Grèce, le poète anglais Lord Byron y a gravé ses initiales sur le pilier nord. Pour profiter pleinement de la magie du lieu, allez-y tôt le matin, ou mieux encore, au coucher du soleil, quand l'astre de feu enflamme tout le golfe Saronique.

T.l.j. 9h30-coucher du soleil • 4 € • ☎ 229 20 39 363 • bus Ktel (www.ktel.org) depuis le terminal Mavromateo à Athènes (métro Viktoria) • Cafétéria sur le site archéologique.

Temple d'Aphaïa

pointe nord-ouest de l'île a séduit des artistes grecs majeurs du XXe s. Juste après le site archéologique de Kolona, quelques-unes de leurs maisons s'égrènent sur la côte : Yannis Moralis, Nikos Nikolaou, Nikos Kazantzakis (il y aurait écrit son fameux roman *Zorba*)... Situé 1 km après le phare, seul l'atelier de Christos Kapralos (1909-1993) se visite car il est aujourd'hui un musée. Le sculpteur a passé les trente dernières années entre Athènes et Égine. On lui doit notamment une frise monumentale relatant la bataille du Pinde en 1940, où les Grecs ont chassé les Italiens. Ses sculptures en bois impressionnent par leur taille. En face du musée et face à la mer, une grande statue en bronze incarne la figure de la mère.

Sur la côte, 18010 Égine • Mer.-ven. 8h-15h30, sam.-dim. 9h30-16h30 • Entrée libre.

❹ MONASTÈRE AGIOS NEKTARIOS *

Nombreux sont ceux qui viennent au monastère de la Sainte-Trinité invoquer Agios Nektarios (saint Nectaire), canonisé en 1961, à qui l'on attribue des guérisons miraculeuses. Dans la cour, sous un grand pin, la petite chapelle qui abritait sa dépouille voit défiler les pèlerins. Le jour anniversaire de sa mort, le 9 novembre, ils viennent par milliers se recueillir dans l'immense église Saint-Nectaire érigée à partir des années 1950 et toujours inachevée.

Leof. Afaias 63, Kontos, à 6 km d'Égine • www.agios-nektarios.gr • T.l.j. de l'aube au crépuscule (f. 12h-14h).

❺ PALÉOCHORA***

À 500 m au nord-est du monastère de la Sainte-Trinité, des petites églises sont accrochées à flanc de colline. Elles sont les vestiges d'une ville médiévale où les insulaires s'étaient réfugiés pour échapper aux corsaires arabes. Au XIXe s., elle fut abandonnée et seules les églises, au nombre d'une trentaine, furent entretenues et restaurées. Certaines se visitent librement et sont décorées de belles fresques.

❻ LE TEMPLE D'APHAÏA***

Dans un site naturel remarquable, à 300 m d'altitude, le sanctuaire d'Aphaïa regarde Athènes d'un côté et domine la baie d'Agia

Marina de l'autre. La déesse, en fuyant les avances du roi Minos, tomba dans la mer et fut recueillie par des pêcheurs qui la menèrent à Égine, dont elle devint la divinité protectrice. Ce temple dorique (v. 500 av. J. C.) illustre la richesse de l'île, réputée pour ses artistes. Les sculptures archaïques des frontons sont aujourd'hui conservées à la glyptothèque de Munich.

☎ 229 70 32 398 • Été : t.l.j. 8h-20h (site), mar.-dim. 9h-16h (musée), hiver : t.l.j. 10h-17h30 (site et musée) • Entrée : 4 €.

7 AGIA MARINA*

Située sur la côte est, Agia Marina est la station balnéaire de l'île. Défigurée par quelques constructions inachevées, elle est tombée en désuétude. Cependant, ses eaux peu profondes et sûres, ainsi que sa plage aménagée avec transats et parasols, en font une destination familiale toujours très fréquentée en été.

Bus Égine-Agia Marina.

8 PERDIKA**

Au sud-ouest de l'île, Perdika est un petit village de pêcheurs plein de charme. En balcon sur la baie et ses caïques colorés, sa rue principale égrène délicieuses tavernes et cafés à la mode. En face, l'île de Moni accueille les estivants pour la journée (navettes régulières depuis le port).

Perdika

Restos & bistrots

PAR QUARTIER

À SAVOIR

OÙ MANGER

Les Grecs sont adeptes de la street food : dans la rue, ils grignotent sur le pouce un sandwich grec, un *souvlaki* (brochette), une pizza orientale, un feuilleté ou un falafel.

Falafel

Les tavernes traditionnelles sont nombreuses, conviviales et bon marché. On y mange toutes sortes d'entrées, de plats cuisinés et de grillades. Mitonnée par de jeunes chefs qui ont souvent voyagé, la nouvelle cuisine grecque a le vent en poupe : recettes traditionnelles revisitées, mise en valeur des produits du terroir, présentation soignée... À savourer dans des restaurants au design recherché.

HORAIRES

L'immense avantage en Grèce est que l'on peut manger à n'importe quelle heure, les restaurants étant ouvert en continu, généralement de 13h à 23h.

US ET COUTUMES

Le pain et le couvert sont toujours facturés. Cela va de 0,80 € dans une taverne populaire à 3 € dans un restaurant huppé. L'eau est d'office servie en bouteille, mais vous pouvez tout à fait demander une carafe car l'eau est potable à Athènes (non facturée).
Dans les tavernes, il est de coutume de poser tous les plats sur la table et de les partager.

PRIX/BUDGET

Glace : 2-3 € le cornet d'une boule.
Sandwich grec (un repas en soi) : 2,50-3 €
Un repas dans une taverne : 12-18 €.

SE REPÉRER

Chaque adresse de restaurant est associée à une pastille orange numérotée.
Vous retrouverez toutes les adresses positionnées sur le plan détachable.

LES COUPS DE CŒUR de notre auteur

Entre cuisine grecque traditionnelle et nouvelles tendances culinaires, Athènes a beaucoup à offrir. Farandole de salades et mezzés, plats longuement mijotés, recettes sophistiquées : valeurs sûres ou nouvelles adresses, voici les préférées de notre auteur.

CAFÉ AVISSINIA

Le plus attachant des restaurants de Monastiraki. Atmosphère rétro et superbe terrasse sur le toit.

Voir p. 108, Monastiraki et l'ancienne Agora.

CHERCHEZ LA FEMME

Un bistrot gastronomique servant des mezzés raffinés situé juste en face de l'hôtel Métropole.

Voir p. 103, Plaka

Café Avissinia

Karamanlidika Tou Fani

KARAMANLIDIKA TOU FANI

Des guirlandes de jambons et de saucisses pendent dans ce restaurant-charcuterie à la fois traditionnel et moderne.

Voir p. 110, Psiri et la place Agias Irinis.

YIASEMI

Un café-bistrot-salon de thé romantique et vintage, au cœur de Plaka.

Voir p. 103, Plaka.

MELILOTOS CONTEMPORAIN

Dans un cadre design et minimal, une cuisine grecque moderne très sophistiquée aux saveurs parfois étonnantes.

Voir p. 113, Psiri et la place Agias Irinis.

NONTAS

Une échappée sur une île ? Face aux barques des pêcheurs, la meilleure taverne de poisson d'Égine.

Voir p. 124, Égine.

Cherchez la femme

| Fabrica Tou Efrosinou

L'ACROPOLE, SON MUSÉE ET KOUKAKI Quartier 1 - p. 24

MANI MANI

Contemporain ① Plan C5

Le nom de ce restaurant fait référence au Magne, une région aride et sauvage, illustrée par de grandes photos en noir et blanc aux murs. Dans un décor épuré, on y déguste des spécialités du Péloponnèse cuisinées avec un twist moderne : poulpe au vinaigre balsamique et à l'ouzo, pain frit au fromage (***travihtes***), coq farci aux champignons, pecorino grec et porc fumé...

10, Falirou, 1er étage • Mo Akropoli • ☎ 210 92 18 180 • www.manimani.com.gr • Lun.-sam. 14h-23h, dim. 13h-18h • Makarounes : 12 € ; plats : 12-18 €.

FABRICA TOU EFROSINOU

Taverne moderne ② Plan B5

Lui est un chef grec passionné par les produits du terroir de son pays. Elle est œnologue et produit ses propres vins à Naoussa, Zanthe ou encore Santorin. La passion du couple ? Les petits producteurs, bio de préférence. Dans l'assiette, des recettes traditionnelles travaillées avec un twist moderne. Tourte aux herbes, salade de carottes au loukoum, poulpe au vin cuit lentement au four... L'adresse se trouve à deux pas du EMST, le nouveau musée d'art contemporain.

34, av. Anastasiou Zinni • M° Syngrou-Fix• ☎ 210 92 46 354 • Mar.-jeu. 13h-23h, ven.-sam. 13h-minuit, dim. 13h-22h • www.fabricaefrosinou.gr • 25-30 € le repas.

ATTIKOS GREEK HOUSE

Gastronomie ③ **Plan B5**

Perché sur un toit-terrasse au pied de la colline de Philipappou, ce restaurant jouit d'une vue exceptionnelle sur l'Acropole, avec l'odéon d'Hérode Atticus au premier plan. On y sert une cuisine traditionnelle grecque délicieuse.

7, Garivali • M° Syngrou-Fix • ☎ 210 92 16 266 • www.ghattikos.gr • 12h-minuit, f. dim. • 18-25 €.

VOIR AUSSI :

LITTLE TREE

p. 30 ④ **Plan C5**

PLAKA Quartier 2 - p. 34

CHERCHEZ LA FEMME ♥

Bistrot ⑤ **Plan C4**

Ce bistrot à la déco Art nouveau sert des mezzés gastronomiques. On y fait son choix parmi une ribambelle de petits plats grecs raffinés, comme le porc parfumé à l'orange et à l'origan sauvage, la salade d'aubergine fumée ou le poulpe frais de Mytilène grillé... Le tout accompagné d'une belle carte de vins grecs. Son nom, « Cherchez la femme ! », vient d'une vieille chanson du rébète Tsitsanis.

46, Mitropoleos • M° Syntagma • ☎ 210 32 22 029 • T.l.j. 9h-1h • Mezzés : 2,50-10 €.

O KOSTAS

Sur le pouce ⑥ **Plan C4**

Cette vieille gargote, ouverte le midi seulement, sert les meilleurs souvlakis d'Athènes. Ces petites brochettes de porc ou de poulet se dégustent seules (1,20 €) ou en sandwich (2,30 €), enroulées dans un petit pain rond (pita) avec *tzatziki* (sauce au yaourt), tomate juteuse et persil. Comme elles sont préparées à la demande, il peut y avoir la queue. Venez tôt car cela ferme dès que le stock de viande est épuisé, vers 15h généralement.

5, Pentelis • M° Syntagma • ☎ 210 32 28 502 • Lun.-sam. 9h30-15h30.

YIASEMI ♥

Bistrot ⑦ **Plan C4**

Au cœur de Plaka, ce bistrot romantique et vintage a jeté quelques tables sur les marches d'escalier de la petite montée où il se cache, et sur son toit-terrasse luxuriant. On y savoure toute la journée de superbes tartes salées ou sucrées (dont la *lemonopita*, l'onctueuse tarte au citron), des salades et des mezzés. Tard le soir, on y sirote un *rakomelo*, une sorte de grog à base de raki, de miel et d'épices.

23, Mnissikleous • M° Monastiraki • ☎ 210 04 17 937 • Lun.-sam. 8h30-2h, dim. 8h30-minuit • Buffet petit-dejeuner (8h30-10h) : 10 €, menu du jour : 12 €.

TO KAFENEIO

Mezzépoleio ⑧ Plan C4

Ce restaurant de mezzés offre le choix entre quelques tables sur sa terrasse ou, les jours de pluie, un intérieur douillet où l'on s'installe sur des banquettes avec coussins pour une ambiance « cuisine au coin du feu » ! Vous trouverez ici les mezzés traditionnels à déguster avec un ouzo ou l'un des nombreux vins en carafe.

30, Epicharmou • M° Akropoli ou Monastiraki • ☎ 210 32 24 515 • www.tokafeneio.gr • T.l.j. 11h-1h • Déjeuner : env. 16 €.

LE GRECHE

Glacier ⑨ Plan C4

Ce petit glacier gréco-italien propose de délicieuses glaces artisanales sans colorants ni additifs. On se régale de parfums originaux, toujours avec une touche grecque ou italienne : yaourt grec, raisins de Corinthe, figues de Kalamata ou alors café

Yiasemi

de Naples, *fior di latte*, ricotta-figue ou pistaches de Sicile.

16, Mitropoleos • M° Syntagma • ☎ 210 70 06 458 • www.facebook.com/pg/legreche • Lun.-jeu. 8h30-minuit, ven. 8h30-2h, sam.-dim. 10h-2h • Glaces : 2,20-5 €.

O PLATANOS

Traditionnel ⑩ Plan C4

Voilà plus d'un demi-siècle qu'il fait bon s'asseoir sous la pergola de Platanos pour déguster un verre de retsina et de bons plats traditionnels : *arni sto fourno*, moussaka, *domátes et piperiés yemistés* (tomates et poivrons farcis)... Dans ce cadre paisible, tout en haut de Plaka, on déjeune parmi les habitués. Hors saison, on s'installe dans la grande salle décorée de vues de Plaka avant la restauration du quartier.

4, Diogenous • M° Monastiraki • ☎ 210 32 20 666 • https://eleinitsa.wix.com/platanos • T.l.j. 12h-16h30 et 19h-minuit, (f. dim.(oct-avr.) • Plats : 9-15 €.

DOSIRAK

Asiatique ⑪ Plan C4

Si vous êtes saturé de souvlakis ou de moussaka, offrez-vous une pause coréo-japonaise chez Dosirak. Vous y croiserez plutôt des Américains et des Asiatiques, mais aussi quelques Athéniens convertis à la cuisine légère. On y sert en continu soupes, sushis, riz, salades et brochettes de porc.

33, Voulis • M° Syntagma • ☎ 210 32 33 330 • Ven.-sam. 12h-minuit, dim.-jeu. 12h-23h30 • Dîner : env. 20 €.

HERMION

Taverne ⑫ Plan C4

Dans une petite cour bien décorée, à l'écart du passage, cette taverne propose de très bons plats aux saveurs délicates. Les classiques tels que les souvlakis et le veau au citron méritent une mention particulière Les serveurs ne poussent pas à la consommation (on ne vous impose pas l'éternelle salade grecque), et les desserts valent le détour, notamment la crème caramel à l'orange !

15, Pandrossou • M° Monastiraki • ☎ 210 32 47 148 • www.hermion.gr • T.l.j. 11h-0h30 • Plats : 12-26 €, desserts : 5,50-7 €.

O Platanos

Notre Top STREET FOOD

Avec la crise, le nombre d'adresses de street food a explosé à Athènes. Bon et pas cher, on mange sur le pouce le traditionnel sandwich grec ou un feuilleté au fromage *(tyropita)*. À moins de préférer des saveurs plus exotiques et raffinées comme le falafel ou une pizza turque.

HOOCUT

Quand le traditionnel sandwich grec est interprété par cinq chefs athéniens, l'excellence est au rendez-vous.

Voir p. 53, Psiri et la place Agias Irinis.

FEYROUZ

Une échoppe familiale servant de délicieuses pizzas orientales, soupes et salades à prix mini.

Voir p. 113, Psiri et la place Agias Irinis.

Stand de koulouri

FALAFELLAS

Excellent falafel, ce copieux sandwich fourré de boulettes de pois chiches et de salade.

Voir p. 111, Psiri et la place Agias Irinis.

Ariston

ARISTON

Le temple des feuilletés farcis aux herbes, à la viande, au fromage, ou bien sucrés.

Voir p. 121, Autour de Panepistimiou.

UN STAND DE KOULOURI

Un simple koulouri, ce petit pain au sésame en forme d'anneau, acheté pour 50 centimes à un marchand de rue.

vin. L'agréable cour verdoyante ajoute du charme à l'endroit.

• 57, Megalou Alexandrou • M° Metaxourgio • ☎ 210 52 22 633 • www.aleria.gr • Lun.-sam. 7h30-23h30 • À la carte 40-50 €, menu dégustation à 55 € pour 5 plats + 28 € pour les vins grecs.

LUKUMADES

Pâtisserie ㉘ **Plan C3**

C'est dans un cadre branché façon *take away* que l'on savoure des *loukoumades*, le plus traditionnel et le plus populaire des desserts grecs. À l'origine, il s'agit de beignets brûlants recouverts de miel et de cannelle. Ici, ils se déclinent de mille façons : au chocolat, au praliné, au sucre glace, fourrés à la glace citron ou à la crème de *mastiha* (la résine du lentisque). L'intérieur compte quelques tables, mais mieux vaut s'installer au comptoir pour observer la confection de ces délicieux beignets.

• 21, Aiolou et Ag. Irinis • M° Monastiraki • ☎ 210 32 10 880 • www.lukumades.com • Lun.-jeu. 8h-1h, ven.-sam. 8h-3h, dim. 9h-1h • Loukoumades : 3,20-4,50 €.

FEYROUZ

Pizzas ㉙ **Plan C3**

Un peu cachée, à 5 min à pied de Monastiraki, cette échoppe élégante et familiale sert les meilleures pizzas orientales d'Athènes. Trois garnitures pour les *lahmatzoun* (une galette toute fine et roulée avec de la salade, 3-3,30 €) : viande, légumes ou un mélange d'épices et de fruits secs. À moins de préférer la *peinirli* (3-3,20 €), plus dodue et au fromage. Excellentes soupes du jour (2-3 €), salades et douceurs sucrées (2-2,80 €).

23, Karori (à l'angle de la rue Aiolou) • M° Monastiraki • ☎ 213 03 18 060 • http://feyrouz.gr • Lun.-jeu. 12h-22h, ven.-sam. 12h-23h.

MELILOTOS CONTEMPORAIN ♥

Mezzépoleio ㉚ **Plan C3**

Dans un des quartiers en effervescence d'Athènes, un restaurant aussi sobre et minimal

Lukumades

dans son design qu'il est créatif dans l'assiette. La cuisine grecque y est complètement réinventée et chamboulée. Hamburger de coq d'Épidaure dans un pain à la farine de gland de l'île de Kéa, tarte (façon *cheese cake*) de tarama blanc et truite fumée, salades sophistiquées aux sauces parfois aigre-douce... Nos papilles sont en émoi.

19, Kalamiotou star., à deux pas de la place Agia Irinis • M° Monastiraki • ☎ 210 32 22 458 • www.melilotos.gr • T.l.j. 12h-23h. • Plats 10-18 €.

ATLANTIKOS

Cantine de poisson ㉛ **Plan B3**

Dans une petite rue étroite entre Psiri et Thissio, une minuscule taverne à la carte minimale : on n'y sert que des entrées et du poisson. À manger avec les doigts, l'assiette de petites fritures est excellente : anchois, crevettes et bébé calamar. Dorade et sardines grillées à petit prix (6 et 10 €). Loukoum à la rose offert en dessert. En guise de nappe, une feuille de papier sulfurisé.

7, Avliton • M° Thissio • ☎ 213 03 30 850 • T.l.j. 13h-1h.

KOKKION

Glacier ㉜ **Plan C3**

Un micro-glacier à l'entrée de Psiri, dans une ruelle. Au choix des glaces artisanales : des sorbets aux fruits souvent bio (citron, verveine...), différents chocolats, du blanc au plus noir 85%, toutes

Kokkion

sortes de fruits secs et bien sûr des crèmes glacées (mascarpone et bergamote, caramel salé...). À goûter absolument, les petits biscuits maison (madeleine, financier à la noisette...).

• 2, Protogenous • M° Monastiraki • www.kokkion.gr • ☎ 698 15 63 511 • T.l.j. 10h- minuit • 2,4 €.

IVIS

Mezzépoleio ㉝ **Plan B3**

Une adresse minuscule, toute mignonne et vintage, où l'on déguste toutes sortes de petits plats comme le kopanisti de Tinos (crème de fromage), poulpe au vinaigre, foie de veau grillé, salade de roquette parsemée de petites tomates de Santorin. Grand choix d'ouzo. Le premier restaurant dans une ruelle devenue très en vogue.

Angle des rues Apostoli et Ivis • M° Thissio • ☎ 210 32 32 554 • 12-15 €.

SEYCHELLES

Taverne moderne ㉞ Plan B2

Logée dans une petite maison néoclassique, voilà un restaurant original, dans un quartier populaire et hors des circuits touristiques. La cuisine est grande ouverte sur la salle, d'où l'on voit les marmitons s'activer, surtout si l'on s'installe au comptoir. Savoureux, les plats sont à la fois rustiques et créatifs : joues de bœuf à la purée d'aubergine (12,5 €), blanc de poulet mariné au citron vert à la purée de patate douce (9 €), poisson fumé (5 à 7 €)... Une adresse *trendy* appréciée par les bobo grecs. Réservation conseillée

49, Keramikou • M° Metaxourghio • ☎ 211 18 34 789 • seychelles.gr • T.l.j. 13h-1h, sf dim. 14h-minuit.

VOIR AUSSI :

BOUGATSADIKO

p. 49 ㉟ Plan B3

LITTLE KOOK

p. 53 ㊱ Plan B3

HOOCUT

p. 53 ㊲ Plan C3

THISSIO, GAZI ET KERAMIKOS Quartier 5 - p. 54

OINOMAGEIREIO TIS ALEXANDRAS

Traditionnel ㊳ Plan A3

Loin de la cuisine tendance des restaurants branchés du quartier, Oinomageireio mise depuis 20 ans sur la gastronomie traditionnelle : boulettes de pois chiches, pita à la viande hachée, bricks au fromage de chèvre et miel, salade au chou et yaourt épicé... Autant de spécialités que le patron décline dans un anglais approximatif ! Avis aux amateurs de musique traditionnelle, des concerts ont lieu le mercredi et le vendredi soir, et l'après-midi le week-end.

32, Dekeleon • M° Keramikos • ☎ 210 34 11 876 • Lun.-ven. 19h-1h, sam.-dim. 15h-1h • Déjeuner : 13-15 €.

Oinomageireio tis Alexandras

TAVERNA DIOMATARIS

Taverne ㊴ Plan A4

Vous ne pourrez pas résister à l'accueil chaleureux et à la cuisine authentique et familiale de cette taverne crétoise. À l'intérieur, l'odeur des plats qui mijotent vous chatouille les narines. Pour patienter, on vous apporte du pain maison avec une coupelle d'huile d'olive et d'origan. Ici, pas de carte. Le chef cuisine à l'instinct les produits du jour. On y mange des feuilletés au fromage crétois, des *pilafi* (risottos cuits dans du yaourt de brebis et du citron), des salades de légumes inconnus, des gratins de pomme de terre et des beignets recouverts de miel. Simple et délicieux.

80, Dimofontos • M° Petralona • ☎ 210 34 55 505 • Mar.-ven. 18h30-1h, sam.-dim. 13h-2h • Plats : 10-12 €.

GEVOMAI KAI MAGEVOMAI

Taverne typique ㊵ Plan B4

Cette taverne populaire à deux pas de Thissio, propose une cuisine familiale délicieuse et bon marché : salade grecque, poulpe grillé, merlu frit, boulettes de viande... À faire : commander des plats à emporter pour pique-niquer sur la colline de la Pnyx ou Philopappou.

11, Nileos • M° Thissio • ☎ 210 34 52 802 • Mar.-dim. 13h-minuit • 12-15 €.

VOIR AUSSI :

KAPPA

p. 59 ㊶ Plan A3

SYNTAGMA ET LE JARDIN NATIONAL Quartier 6 - p. 60

KOULOURADES

Sur le pouce ㊷ Plan C3

Les Grecs ne s'y trompent pas, comme en témoigne la queue devant cette mini-boulangerie spécialisée dans les koulouri, les petits pains au sésame fourrés de mille et une manières : chocolat et châtaigne, pomme-cannelle... Ou, version salée, en sandwich, avec du fromage et de la charcuterie. À déguster sur le pouce, comme les Grecs, avec un café. Prix mini (0,5 et 2,5 €). Koulourades appartient à une chaîne qui existe depuis 1956 !

9, Karagiorgi Servias • M° Syntagma • ☎ 210 32 40 280 • Lun.-ven. 6h-16h, sam. 7h-16h.

ZISIS

Street food ㊸ Plan C3

Toute bleue et blanche, cette petite échoppe délivre de jolis cornets en papier remplis de petites fritures d'éperlans, crevettes, calamars, sardines ou tout simplement de frites. À emporter ou à consommer sur place sous les arcades avec une bonne salade grecque ou du tarama.

Zisis

3, Athinaidos, Agia Irini • M° Monastiraki • ☎ 210 32 11 152 • T.l.j. 12h-minuit • 3,9 € le petit cornet, 5,6 € le grand.

CHATZIS

Pâtisserie ㊹ **Plan C4**

Sur la place Syntagma, cette pâtisserie orientale (prononcer « ratzis ») est spécialisée dans les gâteaux et crèmes confectionnés à base de lait de bufflonne. Le *kazan dibi* (3,90-5,40 €), une crème au lait caramélisée est à se damner. Tout comme l'*ekmek kadaïfi*, considéré par la maison comme le roi des gâteaux : une pâtisserie au sirop nappée de crème fraîche (7,50 €).

5, Mitropoleos • ☎ 210 32 22 647 • www.chatzis.gr • Dim.-jeu. 7h30-23h, ven.-sam. 7h-minuit et sam. 7h30-1h30.

VOIR AUSSI :

AEGLI ZAPPIOU

p. 62 ㊺ **Plan D4**

AUTOUR DE L'AVENUE VASSILEOS KONSTANDINOU **Quartier 7 - p. 64**

O KARAVITIS

Taverne ㊻ **Plan E4**

Dans cette taverne traditionnelle et historique ouverte en 1926, vous croiserez des Athéniens assemblés en *parea* (groupe d'amis réunis pour partager leurs expériences et leurs idées) pour goûter aux excellentes grillades de viande, aux beignets de fleurs de courgette et aux mezzés servis dans de grands plats où chacun pioche. Suivant la saison, vous

IT Restaurant

vous installerez dans la salle ou dans le jardin couvert d'une treille de l'autre côté de la rue.
33, Arktinou • M° Evangelismos • ☎ 210 72 15 155 • T.l.j. 19h30-1h • Menu : env. 15 €.

MAVRO PROVATO

Mezzépoleio contemporain (47) **Plan E4**

Si ce n'est par sa couleur, ce restaurant n'est pas le « mouton noir » (son nom en grec) du quartier. Au contraire : c'est l'une des adresses les plus en vogue pour manger quelques mezzés : caviar d'aubergine fumée, fromage chypriote grillé (haloumi), feta au four (bourgioudi)... À moins de se laisser tenter par son fameux agneau rôti au four servi pour deux (26 €).
31-33, Arrianou • M° Evangelismos • ☎ 210 72 23 46 • Lun.-sam. 13h-1h, dim. 13h-19h • Compter 15 à 20 € pour une entrée et un plat • Réservation conseillée.

VOIR AUSSI :

MARABOO

p. 66 (48) **Plan E4**

KOLONAKI, SES MUSÉES ET LE LYCABETTE Quartier 8 - p. 68

IT RESTAURANT

Sur le pouce (49) **Plan D3**

IT avait déjà deux adresses de vente à emporter à Athènes. Depuis 2014, la cuisine fraîche et saine de IT a aussi son restaurant. Et quel restaurant ! Deux étages design meublés de bois clair, de liège, de béton ciré et de chaises Eames. La clientèle *trendy* s'y donne rendez-vous à toute heure

Nos desserts PRÉFÉRÉS

Rares sont les desserts servis dans les tavernes. Les Grecs les consomment directement dans une pâtisserie, chez un glacier ou un vendeur de sucreries au lait.

STANI

Le meilleur yaourt au miel d'Athènes et autres douceurs lactées.

Voir p. 79, Musée archéologique et Exarchia.

CHATZIS

La spécialité de cette pâtisserie orientale ? Les gâteaux à base de lait de bufflonne.

Voir p. 117, Syntagma et le jardin national.

Lukumades

Chatzis

LE GRECHE

Glace à la ricotta, à la figue, ou sorbet au chocolat, on fond pour ce glacier gréco-italien.

Voir p. 104, Plaka

LUKUMADES

Ici, les loukoumades, ces petits beignets ronds traditionnellement arrosés de miel et de cannelle, se déclinent à tous les parfums.

Voir p. 113, Psiri et la place Agias Irinis.

autour d'un jus de fruit frais (3 €) ou d'un café (2,50 €), ou pour déjeuner d'un wrap (4 €) ou d'une salade haloumi-asperges (8 €). Le soir, à l'heure des cocktails, la terrasse est très courue.

29, Skoufa • M° Syntgama • ☎ 210 36 31 827 • www.itrestaurant.gr • Lun.-ven. 8h30-minuit, sam. 10h-minuit, dim. 12h-18h (brunch). • Salades : 8-12 € ; plats : 9-20 €.

ORIZONTES LYCAVITTOU

Gastronomie 50 **Plan E2-3**

Perché au sommet du Lycabette avec une vue superbe sur l'Acropole et le sud d'Athènes, ce bel endroit est prisé pour les dîners élégants et raffinés. Le chef prépare une cuisine fusion d'inspiration méditerranéenne et fait la part belle au poisson (rouget, dorade). La décoration (parquet de bois blond, meubles de bois sombre), elle, rappelle plutôt l'atmosphère cosy des contrées plus septentrionales. La carte des vins ne propose que des crus grecs, italiens et espagnols.

Lofos Lykavittou • M° Evangelismos, puis funiculaire • ☎ 210 72 27 065 • www.orizonteslycabettus.gr • T.l.j. 12h-1h • Plats : 25-35 € ; menu : 30 €.

CAFÉTÉRIA DU MUSÉE BENAKI

Sur le pouce 51 **Plan D3-4**

Au 2e étage du musée Benaki, cette cafétéria offre une vue imprenable sur l'Acropole et le Jardin national. Au milieu du gratin athénien, on s'y bouscule autant pour boire un café frappé ou une orange pressée (4 €) que pour y déjeuner. Il est donc prudent de réserver.

1, Koumbari • M° Syntagma • ☎ 210 36 71 000 • www.benaki.gr • Lun., mer., ven. et sam. 9h-17h, jeu. 9h-minuit, dim. 9h-15h • Déjeuner : env. 10 €.

VOIR AUSSI :

DA CAPO ET CAFÉ PEROS

p. 71 52 **Plan D3**

AUTOUR DE PANEPISTIMIOU Quartier 9 - p. 74

IANOS CAFÉ

Café 53 **Plan C3**

Au 1er étage de la grande librairie éponyme, Ianos Café offre une atmosphère agréable où l'on peut déjeuner d'un toast au jambon ou d'une salade, tout en contemplant les expositions temporaires qui s'y tiennent. Au programme également, lectures, concerts et conférences. La librairie (lun.-ven. 9h-21h, sam. 9h-20h) propose un vaste choix de livres en anglais.

Librairie Ianos • 24, Stadiou • Entrée distincte aux heures de fermeture de la librairie • M° Panepistimio • ☎ 210 32 17 426 • www.ianos.gr • Lun.-sam. 10h-1h30.

To Triandafyllo Tis Nostimias

ARISTON

Boulangerie (54) **Plan C3**

Avec son appétissante devanture à l'ancienne, Ariston est, depuis 1910, c'est une institution. C'est le temple des feuilletés et autres petits chaussons fourrés au fromage *(tyropita)* – la spécialité de la maison –, aux épinards *(spanokopita)* ou à la viande *(kreatopyta)*. À moins de préférer la version sucrée : à la crème *(bougatsa)* ou aux pommes, noix et raisins..

10, Voulis • M° Syntagma • ☎ 210 32 27 626 • Autour de 2 €/pièce • Lun., mer. et sam. 7h30-18h, mar., jeu. et ven. 7h30-21h.

TO TRIANDAFYLLO TIS NOSTIMIAS

Mezzépoleio (55) **Plan C3**

Dans un passage couvert, une douzaine de tables où l'on sert d'excellents mezzés. La spécialité de la maison ? Les petits poissons, crevettes et calamars frits. Goûtez aussi aux sardines « mariées » *(sardeles pendremenes)* cuites, deux par deux, filet contre filet. Un régal ! Grande fraîcheur des salades. Une taverne populaire au service soigné et un rapport qualité-prix imbattable. D'ailleurs, les Athéniens s'y pressent !

22, Lekka • M° Syntagma • ☎ 210 32 27 298 • Entrées : 3-6 €,

plats : 7-12 € • Lun., sam. et dim. 12h-19h, mar.-ven. 12h-21h.

TO KAPODISTRIAKON

Restaurant bourgeois et universitaire ⑯ **Plan D3**

Dans un bâtiment néoclassique rose saumon de l'avenue Akademias se cache un restaurant universitaire chic et inattendu. Seuls les initiés s'y aventurent car rien n'indique sa présence : il faut monter le perron en marbre et pousser la lourde porte verte pour pénétrer dans ce monde réservé jusqu'à il y a peu aux seuls profes-seurs de l'université d'Athènes. Confortablement installé dans un fauteuil en cuir et bois, on goûte à une cuisine grecque très classique, dans une salle décorée de clichés noir et blanc illustrant la vie de l'université. On peut aussi prendre un café dans les salons cossus attenants.

Akademias 48 & Sina • M° Panepistimio • ☎ 210 36 32 569 • Lun.- ven. 13h-22h, sam. 13h- 17h. À la carte, compter 20 €, ou menu (entrée, plat, dessert et un verre de vin) 15 €.

VOIR AUSSI :

THE BLACK DUCK GARDEN

p. 77 ⑰ **Plan C3**

MUSÉE ARCHÉOLOGIQUE ET EXARCHIA

Quartier 10 - p. 78

DIPORTO

Taverne ⑱ **Plan B-C3**

Aucune enseigne ne signale l'entrée de cette taverne. À la place, vous verrez deux immenses portes : dirigez-vous vers elles, descendez l'escalier, vous y êtes ! Dans une cave meublée à la va-vite, c'est une succession de plats du jour à base de poisson et de viande achetés au marché voisin. Mais la spécialité, qui fait venir les touristes américains comme les cols bleus grecs, ce sont les pois chiches.

9, Sokratous • M° Omonia
• ☎ 210 32 11 463
• Lun.-sam. 8h-19h
• Plats : 5-7 €.

Diporto

ATHINAÏKON

Taverne (59) **Plan C2**

Une décoration traditionnelle soignée, des scènes de rue peintes sur les murs et une carte très fournie à des prix abordables. Les spécialités changent un peu des autres adresses : merlu grillé à l'aïoli, foie de veau grillé (8,20 € chacun). Côté desserts, vous trouverez le halva (2,20 €) ou du yaourt au miel et aux noix (3,50 €), mais aussi des délices locaux à petits prix !

2, Themistokleous • M° Omonia • ☎ 210 38 38 485 • http://athinaikon.gr • T.l.j. 11h30-minuit.

Athinaïkon

RAKOUMEL

Taverne crétoise (60) **Plan D2**

Une charlotte sur la tête, seules des femmes œuvrent en cuisine, grande ouverte sur la salle. La carte plutôt courte propose le meilleur de l'île du Minotaure. Herbes sauvages, saucisses, escargots au romarin, côte de porc fumée, fleurs de courgettes farcies... Autant de produits frais crétois cuisinés avec justesse. Aux murs, de grandes photos en noir et blanc évoquent la Crète pastorale des années 1930.

71, Emmanouil Benaki • M° Omonia • ☎ 210 38 00 506 • Lun.-sam. 13h-2h30, f. 2 semaines mi-août • Entrées et plats de 3,5 à 8,5 €.

VOIR AUSSI :

STANI

p. 79 (61) **Plan C2**

CAFÉ DU MUSÉE ARCHÉOLOGIQUE

p. 81 (62) **Plan C2**

LE PIRÉE ET LA FONDATION NIARCHOS Quartier 11 - p. 82

O BOTSARIS

Taverne (63) **Plan p. 82**

Parmi les *psarotaverna* de Microlimano, celle-ci n'est peut-être pas la plus branchée, mais c'est sans doute la taverne à poisson la plus authentique : c'est le patron lui-même, Yorgos Papadopoulos, qui sort sa barque au petit jour

pour jeter ses filets, tandis que son épouse Yorgia accueille les clients et gère la cuisine. Ici, le poisson est archifrais, comme tous les produits proposés. L'accueil y est amical et la terrasse au bord de l'eau – fréquentée par les chats du quartier venus quémander les restes des assiettes – est très agréable pour un déjeuner ou un dîner tardifs, à la grecque…

30, Koumoundourou • M° Faliro • ☎ 210 41 26 238 • T.l.j. 9h-23h30.

JIMMY'S FISH

Poisson (64) **Plan p. 82**

Dans le quartier de Microlimano, ce restaurant de poisson, au décor très « cabane de pêcheur en Nouvelle-Angleterre », est l'un des plus cotés et l'un des meilleurs d'Athènes. Mieux vaut réserver. Poissons et fruits de mer sont à l'honneur avec des spaghettis au homard (26 € pour deux), des *scampi* (langoustines frites), du bar, des rougets, des dorades… L'addition est plutôt élevée, mais la qualité garantie.

46, Koumoundourou • M° Faliro • www.jimmysfish.gr • ☎ 210 41 24 417 • T.l.j. 12h-1h30 • Menus entre 19 et 26 €.

VOIR AUSSI :

LE CANAL CAFÉ

p. 87 (65) **Plan p. 82**

LA RIVIERA ATHÉNIENNE **Visite 12 - p. 88**

VOIR LA PAUSE :

TAVERNE O ILIAS

p. 91 (66) **Plan p. 88**

L'ÎLE D'ÉGINE **Visite 13 - p. 94**

NONTAS ♥

Poisson (67) **Plan p. 94**

Des tables blanches sous la tonnelle, face au petit port où l'eau clapote le long des barques. Des poissons fraîchement pêchés que vous avez repérés dans le frigo et qui sont cuits pour vous au feu de bois. Une salade grecque et un verre de retsina en attendant que le plat principal arrive : que demander de plus ? On peut ajouter à ce repas de roi des poulpes ou des crevettes, selon l'humeur et l'appétit du jour. Une adresse bien connue des Athéniens.

Sur le port de Perdika
• ☎ 229 70 61 233
• www.nontasfishrestaurant.gr
• Avr.-oct. : t.l.j. 12h-1h.

MILOKIDONO

Épicerie bio/café/ restaurant ⑥⑧ **Plan p. 94**

Tenue par une sympathique Italienne et son frère chef cuisinier, cette appétissante épicerie propose le meilleur du terroir grec et d'excellentes charcuteries italiennes. On y trouve par exemple les pistaches les plus savoureuses d'Égine (Karapanou), mais aussi miel, olives, nougats, fromages, fruits et légumes, vins... toujours en provenance de petits producteurs et souvent estampillés bio.
À la belle saison (mai-octobre), sa terrasse se transforme en restaurant. Les plats sont préparés à la minute avec beaucoup de soin. Salade grecque, fava, ceviche de poisson frais... et aussi d'excellentes pâtes italiennes maison. Mention spécial pour le tiramisu, à se damner. Carte toujours renouvelée en fonction des produits de saison et de l'inspiration du chef.

9, Faneromenis, port d'Égine (à 10 minutes à pied du débarcadère),
• ☎ 229 70 22 400
• www.facebook.com/milokidono/

VOIR AUSSI :

AGORA

p. 95 ⑥⑨ **Plan p. 94**

Milokidono

UNE CUISINE traditionnelle

Comme nombre de mots de notre vocabulaire, « gastronomie » est directement issu du grec. Plus qu'une cuisine savante, la gastronomie grecque est avant tout constituée de recettes traditionnelles et familiales, réalisées avec des produits simples et naturels. Et si les influences orientales sont présentes, elle n'en a pas moins conservé sa propre identité.

Souvlaki

L'amour de la bonne chère

Lorsqu'il s'agit de nourriture, les Grecs n'aiment pas chipoter et ils commandent bien plus qu'ils ne peuvent avaler. Qu'importe, l'abondance est signe de santé – physique et financière. Élevés par des mères et des grands-mères prêtes à cuisiner des journées entières, ils apprécient plus que tout la gastronomie nationale. À l'opposé de notre trilogie « entrée, plat, dessert », un repas grec – dans une taverne, car les restaurants se plient désormais aux standards occidentaux – se compose à l'envi, et tout est servi en même temps : grillades, viandes en sauce, fruits de mer et poissons grillés... mais aussi légumes arrosés d'huile d'olive, farcis de riz, mitonnés dans une sauce à la tomate et aux oignons, en croquettes ou encore frits. Sans oublier les fromages crus ou cuisinés, les feuilletés salés et les incontournables frites maison !

Mezzé, moussaka et salade grecque

Le plat le plus connu des étrangers est évidemment la **moussaka**, ce fameux gratin d'aubergines et de viande hachée sur un lit de pommes de terre et recouvert d'une couche de béchamel. Si elle figure sur les cartes de toutes les tavernes, elle reste toutefois un plat familial très long à préparer et se révèle souvent meilleure réchauffée. Autres spécialités renommées : les **mezzés**, autrement dit la foule d'amuse-bouches salés traditionnellement servis dans les **ouzeries** accompagnés d'un verre d'ouzo ou de vin résiné, et considérés comme des entrées dans les tavernes. Les entrées plus connues : le **tarama** *(taramosalata)*, le **caviar d'aubergines** *(melitzanosalata)*, le ***tzatziki*** (salade de concombre et ail au yaourt), mais aussi la ***fava*** (salade de fèves aux oignons crus), les ***gigantes*** (haricots blancs géants cuits au four), les ***dolmades*** (feuilles de vigne roulées et farcies de riz ou de viande), sans oublier la fameuse ***choriatiki***, la salade villageoise composée de tomates, concombres, poivrons, oignons crus, origan, olives, feta et huile.

Sur le pouce

Au travail, les Grecs ont l'habitude de pratiquer les horaires continus et le vrai repas est celui du soir, qui a souvent lieu très tard. Aussi au déjeuner croquent-ils sur le pouce de quoi tenir le coup. Une formule que les visiteurs pressés peuvent adopter en choisissant chez un boulanger un feuilleté salé au fromage *(tiropita)* ou aux épinards *(spanakopita)*, à moins de préférer un **souvlaki me pita**, une galette de pain chaud enroulée autour d'une brochette de viande de porc et d'un peu de tzatziki, que l'on trouve à chaque coin de rue dans le très commerçant et touristique quartier de Plaka.

Tant de douceurs

S'il n'existe pas de pâtisserie typiquement grecque, ces amateurs de douceurs ont su puiser dans les cuisines de leurs voisins orientaux des spécialités sucrées, comme les fameux **baklavas**. Le **halva**, gâteau de semoule à la cannelle et aux raisins secs, ainsi qu'une foule de biscuits secs et de beignets à base de miel sont préparés par les grands-mères dans les maisons, mais vous aurez du mal à les trouver dans une taverne, a fortiori dans un restaurant. Vous pourrez dénicher dans les épiceries et supermarchés des fruits et fleurs au sirop. En revanche, vous pourrez terminer votre repas dans une taverne par des fruits frais servis découpés et saupoudrés de cannelle. Un délice de fraîcheur...

SAVEURS authentiques

« Du pain, du vin et des olives, voilà qui suffit à rendre un Grec heureux. » Ce dicton populaire recèle à lui seul l'intime identité de la cuisine grecque. Car ces trois denrées, symboles de vie pour les Grecs, sont également la base de la gastronomie hellène. Sur les étals des marchés, dans les épiceries, les brûleries et même les supermarchés, les amateurs de produits authentiques et naturels rempliront donc leur panier avec jubilation.

Fruits de la terre, du soleil et du vent

Inutile de demander à un marchand de primeurs si ses produits sont « bio » : ils le sont forcément, même si aucune étiquette dûment estampillée par l'Union européenne ne le certifie. Car la terre a beau sembler aride, elle engendre de savoureux produits agricoles, avec pour seul engrais l'incomparable soleil de la Méditerranée. Et si la production est peu variée, elle demeure d'une qualité exceptionnelle.

L'olive reine

L'exquise huile d'olive vierge, pressée à froid, surpasse sans aucun doute toutes les productions des autres pays méditerranéens. Plutôt foncée et au goût assez prononcé, elle est pourtant très douce et très digeste. Quant aux olives, préférez les « géantes » de Kalamata, noires ou vertes, au goût incomparable. Si les acheter en vrac au marché vous fait craindre des dégâts dans vos bagages, faites le plein dans les supermarchés AB Vassilopoulos, où vous trouverez des boîtes métalliques de 1 kg de la marque Alea. Attention, une fois la conserve ouverte, transvasez les olives dans un bocal en verre pour les conserver et consommez-les rapidement. Si la chance vous accompagne, vous tomberez peut-être sur les fameuses *Ilies gia eroes* (les « olives pour héros ») en bocaux, de plus en plus difficiles à trouver. Pour les incorrigibles de la dernière minute, les boutiques de l'aéroport proposent elles aussi une bonne sélection de produits alimentaires.

Du producteur au consommateur

Au marché, vous ne pourrez résister aux magnifiques fruits et légumes et vous serez étonné des prix particulièrement bas. La plupart des étals sont tenus par des cultivateurs qui vendent eux-mêmes leur production, à peine récoltée et transportée vers Athènes au petit jour. Mûries à point, les tomates joufflues offrent une chair ferme, dense et peu juteuse, tandis que les concombres (qui ressemblent plutôt à de gros cornichons) n'ont aucune acidité. Sans oublier quelques poignées d'herbes aromatiques : l'origan et l'aneth sauvage (vendus en vrac sur le marché) qui révèlent des parfums uniques. Les merveilleuses oranges du Péloponnèse, juteuses et sucrées à souhait, sont parfaites pour les jus frais que vous ne manquerez pas de goûter à une terrasse de café. Enfin, des pistaches, de la toute proche île d'Égine, du miel à faire couler en mince filet sur les goûteux yaourts grecs au lait de brebis (vendu dans des pots en terre cuite, tellement denses qu'ils calent l'estomac pour une demi-journée) et, pourquoi pas – même si cela ne se mange pas – de douces éponges naturelles pêchées au large des îles grecques (même si leur origine n'est pas garantie à 100 %) ?

LA FETA SAUVÉE PAR L'UNION EUROPÉENNE

La feta, un fromage de brebis typiquement grec qui constitue l'un des ingrédients essentiels de la traditionnelle *choriatiki* - la fameuse salade villageoise baptisée à tort par les touristes « salade grecque » - est le deuxième fromage le plus consommé au monde après le cheddar ! Derrière ce nom se cachaient souvent des produits laitiers fabriqués bien loin de la Grèce et qui n'avaientnt pas grand-chose à voir avec la feta. Après des années de lutte, les producteurs ont obtenu en 2005 une appellation d'origine contrôlée qui est désormais imposée par Bruxelles. La feta demeure bel et bien le fromage national grec. Pour les amateurs, rendez-vous (juste avant votre départ) dans un supermarché pour en acheter un morceau (de préférence de la marque Dodoni) que vous transporterez avec égard.

LES COUPS DE CŒUR
de notre auteur

Bars à la décoration ultra recherchée et cocktails sophistiqués : les Athéniens adorent sortir dans des lieux branchés à l'identité forte. Envie d'un spritz, un mojito, un freddo cappucino ? Notre auteur vous livre ses adresses favorites.

DRUPES & DRIPS

C'est l'heure du spritz ! Rendez-vous dans ce bar spécialisé dans le cocktail vénitien.

Voir p. 134, L'Acropole et Koukaki.

THE ART FOUNDATION

Une adresse arty dans un vieil immeuble désaffecté. L'été, on se presse dans la cour intérieure.

Voir p. 140, Monastiraki et l'ancienne Agora.

COULEUR LOCALE

Un rooftop intimiste avec une vue magnifique sur l'Acropole. Pour le trouver, il faut être initié.

Voir p. 140, Monastiraki et l'ancienne Agora.

Kolokotroni 9

The Art Foundation

BABA AU RUM

L'un des meilleurs bars à cocktails d'Athènes, avec une sélection pointue de rhums.

Voir p. 149, Autour de Panepistimiou.

FRATER & SOROR

Tout à la fois vintage et industriel, lumineux et exotique, ce nouveau bar-restaurant fait le buzz sur la place Prokopion.

Voir p. 147, Autour de l'avenue Vassileos Konstandinou.

KOLOKOTRONI 9

Un petit bijou urbain, tropical et sophistiqué, aux cocktails ultraraffinés et à la musique électronique éthnique.

Voir p. 150, Autour de Panepistimiou.

Baba au Rum

Drupes & Drips

L'ACROPOLE, SON MUSÉE ET KOUKAKI Quartier 1 - p. 24

DRUPES & DRIPS ♥

Bar à spritz ① Plan C5

Dans ce petit bar juste en face de la boulangerie familiale, Artemis s'adonne à sa passion : la préparation du spritz ! Avec soin mais à la chaîne, il mélange Aperol ou Campari, vin blanc et eau gazeuse, avant de poser en équilibre une olive sur une pique. À l'heure de l'apéro, le bar déborde dans la rue, dans une ambiance très conviviale. Belle sélection de fromages et de charcuteries grecs et italiens. Café, jus et smoothie le matin.

20, Zitrou • M° Akropoli • ☎ 210 92 30 052 • Lun. 7h-16h, mar-ven. 7h-22h, sam. 7h-23h • Café à partir de 1 €, vin à partir de 2,70 €, spritz autour de 5 €.

LE THÉÂTRE DORA STRATOU

Danses folkloriques ② Plan C4

Cette troupe de 75 acteurs officie depuis 1953 à Athènes et présente un spectacle de danses grecques de qualité. Avec des costumes folkloriques portés il y a encore une cinquantaine d'années lors des mariages ou des fêtes locales, le spectacle représente chaque région du pays et retrace ses traditions. Le cadre, la colline de Philopappou, est absolument superbe.

Colline de Philopappou • Rens. maison de la Danse : 8, Scholiou • M° Akropoli • ☎ 210 32 44 395 • www.grdance.org • Spectacles mai-sept. : mer.-ven. 21h30, sam.-dim. 20h30 • Entrée : adultes 15 €, étudiants 10 €, enfants 5 €.

TIKI BAR

Bar tropical ③ **Plan C5**

Envie d'une ambiance rétro et tropicale ? Le Tiki est fait pour vous ! Puisant ses références dans les cultures pop et polynésienne, la salle est un vrai bric-à-brac rétro des *fifties*. Au milieu d'un décor façon pagode, on trouve des fauteuils zébrés, des tabourets en Skaï rouge, des faux palmiers, des affiches de films d'horreur et des photos de pin-up hawaïennes. La clientèle bobo et branchée y sirote en musique des cocktails maison pleins de fruits frais (ananas, citron, fruit de la passion...). Le Tiki organise des concerts plusieurs soirs par semaine.

15, Falirou • M° Akropoli • ☎ 210 92 36 908 • www.tikiathens.com • T.l.j. 12h-3h • Cocktails : 8-9 € ; bières : 4 €.

MATERIA PRIMA

Bar à vin ④ **Plan B5**

Ce bar à vin sophistiqué et design est tenu par Michalis Papatsibas, un grand jeune homme jovial et enthousiaste dès qu'il parle de ses vins : qu'ils soient grecs, français ou chiliens, il les choisit de préférence naturels, produits en biodynamie et toujours de petits producteurs. Pour accompagner les vins, une petite carte de plats pointus.

68, Falirou (à côté du musée EMST) • M° Syngrou-Fix • ☎ 210 92 45 935 • materiaprima.gr • T.l.j. 17h-1h • Verre de vin : 5 €.

MEERKAT

Bar à cocktails ⑤ **Plan B5**

C'est à un dépaysement que vous invite ce bar dont le merkatt, un petit animal du désert appelé aussi suricate, est la mascotte. Dans un décor inspiré de la brousse, les cocktails, véritablement dépaysants, invitent eux aussi au voyage. Et si vous voulez sauter le pas, vous pourrez

Tiki Bar

Nos rooftops PRÉFÉRÉS

Prendre de la hauteur pour boire un verre ? Les Athéniens en raffolent. Évidemment, tous ces bars se vantent d'avoir la plus belle vue sur l'Acropole, qui émerge telle une île au-dessus de la ville.

360° COCKTAIL BAR

Un grand bar branché avec une vue panoramique. On y sirote son cocktail entre les oliviers.

Voir p. 141 Monastiraki et l'ancienne Agora.

COULEUR LOCALE

À deux pas de Monastiraki, une terrasse intimiste, prisée par les jeunes Athéniens.

Voir p. 140, Monastiraki et l'ancienne Agora.

A for Athens

A FOR ATHENS

Un bar urbain au cadre minimaliste avec une vue magnifique sur la place Monastiraki et l'Acropole.

Voir p. 143, Psiri et la place Agias Irinis.

360° Cocktail Bar

M BAR

Un bar chic sur le toit du 5 étoiles Metropolis. Peut-être la plus belle vue d'Athènes jusqu'à la mer.

Voir ci-contre, Plaka.

GAZARTE

Un jardin sur les toits, de la musique soul et funky et la vue sur les cheminées rouges de Technopolis devant l'Acropole.

Voir p. 145, Thissio, Gazi et Keramikos.

concocter votre propre cocktail avec l'aide des barmen. L'équipe compte des Français donc pas de souci de compréhension !
Près du musée EMST, Vizantiou • 7, Koukaki • M° Syngrou-Fix • ☎ 213 04 53 390 • meerkatcocktailsafari.com • Mar.-dim. 10h à 2h, 10h-3h ven. et sam. • Cocktail 8-11 €.

VOIR AUSSI :

LITTLE TREE

p. 30 ⑥ Plan C5

PLAKA Quartier 2 - p. 34

OINOSCENT

Bar à vin ⑦ Plan C4

Ce bar à vin moderne est-il si innocent ? Pas forcément, car *oinos* (qui se prononce « inos ») signifie vin en grec ancien. Et la tentation est grande de goûter à l'un des 700 labels proposés, dont une cinquantaine au verre (la carte est constamment renouvelée). On se mêle à la clientèle athénienne pour tester les meilleurs crus du terroir, à moins de se laisser tenter par un blanc néo-zélandais ou un rouge sud-africain. À déguster accompagné de quelques plats grecs typiques et délicieux.
45-47, Voulis • M° Syntagma • ☎ 210 32 29 374 • www.oinoscent.gr • Lun.-jeu. 10h-2h, ven.-sam. 10h-3h, dim. 18h-2h.

M BAR

Concept bar ⑧ Plan C4

Ne pas se laisser impressionner par le groom à l'entrée et grimper

Oinoscent

Heteroclito

immédiatement au 10e étage de l'Electra Metropolis, ce nouveau 5 étoiles sis dans l'ancien ministère de l'Éducation nationale. Il est coiffé par un bar élégant, où est servi l'excellent et copieux petit déjeuner de l'hôtel (25 €, de 6h30 à 10h30, 11h le week-end), snacks et café en journée. De 19h à 2h, il se transforme en bar à cocktails. Sublime, la vue survole les toits de la ville, embrasse l'Acropole et court jusqu'à la mer.

Electra Metropolis, 15, Mitropoleos • M° Syntagma • ☎ 214 10 06 200 T.l.j. 11h-1h • Bière, expresso : 4 €.

HETEROCLITO

Bar à vin **⑨ Plan C4**

Une adresse pour tous les amateurs de vin qui voudraient s'initier aux productions locales. Ambiance chic et cosy, lumière tamisée, musique jazzy et clientèle internationale. À la carte, tous les vins sont « sous-titrés » par les notes aromatiques qu'ils dégagent : un vrai atout pour guider les néophytes. Entre les rouges, les blancs, les rosés, les pétillants et les sucrés, Heteroclito propose près de 220 vins, presque tous grecs, à accompagner de tartines, de snacks et de fromages locaux.

2, Fokionos • M° Syntagma • ☎ 210 32 39 406 • www.heteroclito.gr • Lun.-jeu. 12h30-0h30, ven.-sam. 12h30-1h30, dim. 18h-0h30 • Vin au verre : 4-8 €.

BLUE BIRD

Bar intimiste **⑩ Plan C4**

Dans la petite rue Ipitou, une rue secrète en L à la lisière de Plaka, trois sympathiques bars à la mode jouent du coude à coude. Celui du milieu, le Blue Bird, est le plus intimiste et exotique avec ses vieux objets chinés et sa musique jazzy. On y prend un café en journée, un verre en soirée. Excellents cocktails et tarte au chocolat au rhum et poivre. Parfois l'animation des trois bars déborde sur la rue.

4, Ipitou • M° Syntagma • ☎ 210 32 49 616 • T.l.j. 11-2h • Café à partir de 2 €, cocktail autour de 8 €.

Le Top des BARS ARTY

La culture s'invite dans les bars ! Musique *live*, expositions, performances d'artistes, présentation de livres... Les Athéniens raffolent prendre un verre entre amis dans des lieux animés et culturels.

Poems & Crimes

THE ART FOUNDATION

Derrière la porte d'un immeuble qui semble désaffecté, une cour intérieure avec bar, musique et exposition.

Voir p. 140, Monastiraki et l'ancienne Agora.

LITTLE TREE

Une adresse paisible pour prendre un verre et bouquiner, à deux pas du musée de l'Acropole.

Voir p. 30, L'Acropole et Koukaki.

SIX D.O.G.S

Un jardin caché avec bar et balançoires se niche dans cet espace culturel branché d'Athènes.

Voir p. 141, Psiri et la place Agias Irinis.

POEMS & CRIMES

Ouvert jusqu'à minuit, le café-librairie de l'éditeur du célèbre auteur de polars Petros Markaris est toujours animé.

Voir p. 142, Psiri et la place Agias Irinis.

BARRETT

Photos, collages et peintures souvent provoquants ou avant-gardistes s'exposent dans ce bar très tendance.

Voir p. 143, Psiri et la place Agias Irinis.

Little Tree

MONASTIRAKI ET L'ANCIENNE AGORA Quartier 3 - p. 42

THE ART FOUNDATION (TAF) ♥

Bar arty ⑪ Plan B3

De l'extérieur, on jurerait que cet immeuble des années 1870 est désaffecté ! Mais, à l'intérieur, le concept est résolument moderne : autour d'un patio et de son bar, des petites pièces ont été aménagées comme autant de salles d'exposition. Des artistes contemporains sont invités à présenter leurs œuvres, pleines de références, souvent loufoques, à l'Antiquité grecque, à l'image de cette bataille de dinosaures en plastique au sommet de l'Acropole, le jour de notre passage. C'est la nouvelle Athènes qui s'exprime entre ces murs : ambiance arty, décontractée et musicale (mais pas assourdissante). Un lieu à découvrir absolument !

5, Normanou • M° Monastiraki • ☎ 210 32 38 757 • theartfoundation.metamatic.gr • T.l.j. 10h30-3h • Cocktail signature : 9 €.

COULEUR LOCALE ♥

Bar à cocktails ⑫ Plan B3

Il faut être initié pour le trouver. Dans une ruelle sombre de Monastiraki, on s'enfonce dans un passage couvert au fond duquel on devine un bar. En grimpant directement au 3e étage

Couleur locale

on débarque sur une terrasse à l'ambiance décontractée, fréquentée essentiellement par de jeunes Athéniens. Musique lounge, plantes vertes, et la vue sur l'Acropole et Plaka. Agréable à toute heure du jour et de la nuit. Carte de brunchs, sandwichs et salades.

3, Normanou • M° Monastiraki • www.couleurlocaleathens.com • ☎ 216 70 04 917 • T.l.j. 10h-2h (3h ven. et sam.) • Café : 2,80 € ; vin et bière : 4,50 €.

360° COCKTAIL BAR

Bar à cocktails ⑬ **Plan B3**

Ce grand bar branché occupe les trois derniers étages d'un immeuble, place Monastiraki. Connu pour ses cocktails, on y prend aussi son petit déjeuner, un repas ou un café. Ambiance festive le soir. Le bar mérite son nom grâce à la vue panoramique sur l'Acropole et la ville depuis son toit-terrasse arboré.

Six D.O.G.S.

Le bémol : la lenteur du service.

2, Ifaistou • M° Monastiraki • ☎ 210 32 10 006 • www.three-sixty.gr • Lun.-ven. 9h-3h, sam.-dim. 9h-4h • Expresso : 2,50 € ; cocktails dès 9 €.

PSIRI ET LA PLACE AGIAS IRINIS Quartier 4 - p. 48

SIX D. O. G. S.

Concept bar ⑭ **Plan C3**

Bar, club, salle de concert et d'expositions, pop-up store et jardin à ciel ouvert : le Six D. O. G. S. (« Six Degrees Of Global Separation »), c'est un peu tout cela à la fois. Ouvert 21h/24, l'endroit organise pas loin de 500 événements par an (concerts, DJ sets, expos, performances) et accueille jusqu'à 600 personnes en plein centre d'Athènes ! Bref, vous n'êtes jamais à l'abri d'une bonne surprise. Un conseil : l'été, préférez les balançoires installées dans le jardin pour siroter un Mai Tai (9 €) à la lumière des bougies et des lampions, c'est magique.

6-8, Avramiotou • M° Monastiraki • ☎ 210 32 10 510 • www.sixdogs.gr • Ven.-sam. 10h-7h, dim.-jeu. 10h-3h • Cocktails : env. 10 €.

POEMS & CRIMES

Café-librairie ⑮ **Plan C3**

Gavrielidis, éditeur spécialisé dans les poèmes et les romans noirs, possède cette sympathique librairie-café. On y croise son auteur phare, Petros Markaris, maître du polar grec, qui y vient tous les jours. Loin d'être noire, l'atmosphère, elle, est culturelle, évidemment, mais aussi enjouée et animée.

17, Agias Irinis • M° Monastiraki • ☎ 210 32 28 839 • poemsandcrimes.gr • Lun.-sam. 9h-minuit, dim. 10h-minuit • Café : 2,50 € ; verre de vin : 4 € ; salades, pâtes, sandwichs : 6-7 € • Musique populaire et rébétiko *live* lun. 21h-minuit.

CINQUE

Bar à vin ⑯ **Plan B3**

Ce minuscule bar à vin est tenu par un couple de passionnés. Evanguelia – qui parle français – et Grigoris ont à cœur de faire découvrir 30 vins grecs au verre, et une sélection des meilleurs fromages et charcuteries du pays. Pour vous aider à choisir, ils proposent une dégustation gratuite de quatre vins différents et vous parlent des divers cépages : agiorgitiko, xinomavro, moschofilero, assyrtiko...

15, Agatharchou • M° Monastiraki • ☎ 215 50 17 853 • www.cinque.gr • Lun.-sam. 18h-minuit • Verre : à partir de 4 € ; bruschetta à partir de 3,50 € ; assiettes 6-13 €.

A FOR ATHENS

Rooftop bar ⑰ **Plan BC-3**

Sur le toit-terrasse de l'hôtel du même nom, un bar au design épuré et l'une des plus belles vues d'Athènes : le regard plonge sur la place animée de Monastiraki, remonte sur les ruelles escarpées de Plaka et se pose sur l'Acropole en majesté. Sublime au coucher du soleil, mais très prisé.

2-4, Miaouli • M° Monastiraki • ☎ 210 32 44 244 • www.aforathens.com • T.l.j. 7h30-3h • Petit déjeuner : 15 € ; café : 3 € ; cocktails à partir de 6 €.

BARRETT

Bar arty ⑱ **Plan BC3**

Une maison 1900 à l'entrée discrète, un grand comptoir en béton, deux niveaux : dans une ruelle de Psiri, ce bar s'est imposé comme l'un des plus tendances auprès des Athéniens trentenaires. Tout au long de la journée et de la nuit, l'atmosphère évolue : café, bar à vin, bar à cocktails. Les DJ opèrent dès 20h30, jouant du rock alternatif, du jazz et du blues. Aux murs, des artistes exposent photos, peintures et collages. Les expositions sont renouvelées tous les mois.

11, Protogenous • M° Monastiraki • ☎ 210 32 18 373 • www.barrett-athens.gr • T.l.j. 11h-4h • Cocktails : 8 €, verre de vin : 4-6 €, bagels : 5,5 €.

OLD FASHIONED

Bar intimiste ⑲ **Plan B3**

Un bar grand comme un mouchoir de poche, à l'atmosphère chaleureuse et classique : comptoir en bois, tabourets hauts, mur tapissé de bouteilles. Une poignée de tables dehors sous les arcades. Clientèle d'habitués. Ouvert jusqu'à tard : les serveurs des bars environnants viennent y prendre un verre quand ils ont terminé leur service ! Bonne musique rock, blues et funky avec DJ. On y danse souvent les vendredis et samedis.

16, Miaouli • M° Monastiraki • ☎ 210 32 16 306 • T.l.j. 16h-4h.

THISSIO, GAZI ET KERAMIKOS Quartier 5 - p. 54

INTREPID FOX

Club ⑳ **Plan A3**

Le nom de ce club n'apparaît nulle part, mais vous n'aurez aucun mal à le reconnaître aux affiches de groupes de rock qui quadrillent murs et plafond. Clientèle et ambiance rock'nroll dans cette immense salle bondée en fin de semaine ; le week-end, sous des airs de rock tonitruants, les deux billards sont pris d'assaut ! Un endroit qui change des ambiances lounge que l'on peut trouver le long de Technopolis, sur Voutadon.

30, Triptolemou • M° Keramikos • ☎ 210 34 66 055 • Mar.-jeu. 20h-4h,

Où découvrir LES VINS GRECS

Les vins grecs ne cessent de monter en qualité. Ce n'est donc pas un hasard si les bars à vin se multiplient à Athènes. Vins de Santorin, de Céphalonie, de Macédoine ou du Péloponnèse : chaque île ou région a son cépage. Ambiance toujours très conviviale, surtout quand la dégustation s'accompagne de produits du terroir.

CINQUE

Un choix de 30 vins au verre et une dégustation gratuite pour vous aider à choisir. Tenu par un couple de passionnés.

Voir p. 142, Psiri et la place Agias Irinis.

Heteroclito

DRUPES & DRIPS

La spécialité de ce bar convivial tenu par deux frères boulangers ? Le spritz et les vins italiens !

Voir p. 134, L'Acropole et Koukaki.

OINOSCENT

Les Athéniens se pressent dans cet élégant bar moderne pour déguster les meilleurs vins grecs et étrangers.

Voir p. 137, Plaka.

HETEROCLITO

Cosy, chic et décontracté, ce petit bar propose une carte pointue de vins grecs.

Voir p. 138, Plaka.

MATERIA PRIMA

Dans ce bar très contemporain, le patron aime faire découvrir des vins naturels ou produits en biodynamie, avec un accord met/vin parfait.

Voir p. 135, L'Acropole et Koukaki.

ven.-sam. 20h-5h30, dim. 20h-minuit
• Cocktail : 7 € ; bière : 5 €.

SPACE BY AVLI

Bar ㉑ Plan B4

Cet immense bar sur trois niveaux affiche un décor aux couleurs éclatantes. La journée, les plus jeunes s'y retrouvent pour jouer au tavli ; le soir, place à la musique et aux clips vidéo diffusés sur écrans géants. Une ambiance jeune et très bon enfant.

14, Iraklidon • M° Thissio
• ☎ 210 34 70 900 • T.l.j. 8h-3h
• Soda : 4 €.

SODADE2

Bar gay ㉒ Plan A3

Ce bar et club gay attire une clientèle de jeunes branchés aux allures de top model. Le Sodade2, l'un des clubs les plus populaires, soigne son image « hétéro friendly » et diffuse de la musique électro. La fête ne commence pas avant 1h et se poursuit jusqu'au lever du soleil.

10, Triptolemou • M° Keramikos
• ☎ 210 34 68 657 • T.l.j. minuit-6h
• Cocktail : 8 €.

GAZARTE

Bar-salle de concerts ㉓ Plan A3

C'est l'un des *hubs* culturels d'Athènes. Il abrite plusieurs espaces dont un théâtre, un *roof stage* et une grande salle de concert où se produisent des groupes d'envergure internationale : DJ set de trip-hop, soul et funk, musique rétro des Swingin' cats, mais aussi des chanteurs grecs comme Haris Alexiou. De nombreux *lives* ont lieu sur le toit-terrasse, qui offre une vue magnifique sur les cheminées rougeoyantes de Gazi, l'Acropole et le Lycabette illuminés. Bons cocktails.

32-34, Voutadon • M° Keramikos
• ☎ 210 34 60 347 • www.gazarte.gr
• Dim.-ven. 19h-2h, sam. 12h-23h
• Cocktail : 8 € ; soda : 6 €.

AFRIKANA

Club de jazz ㉔ Plan A3

Le spot le plus pointu pour écouter du jazz et de la soul à Athènes : les meilleurs groupes s'y relaient et les connaisseurs s'y pressent. Situé dans une vieille maison en pierre, la salle aux murs blanchis évoque les îles. Ambiance décontractée et chaleureuse. Bons cocktails.

13, Ierofanton, Gazi • M° Keramikos
• ☎ 210 34 10 445 • Mer.-dim. 19h30-3h • Bière 4 €, cocktail 9 €, plus 4 ou 5 € pour les musiciens.

KERAMEIO

Bar à cocktails ㉕ Plan A3

Murs en pierre, vieux carreaux au sol, peintures murales et petite cour pour prendre l'air : dans une atmosphère éclectique et alternative, on écoute jazz, reggae, funk, blues et rock'n roll tout en sirotant un cocktail. Beaucoup d'ambiance le week-

end où l'on danse jusqu'à tard dans la nuit. Le dimanche, le DJ enchaîne les vieux vinyls.
27, Plateon • M° Keramikos • ☎ 210 34 64 223 • Mar.-sam. 8h-5h, dim et lun. 11h-5h, f. 10 j. mi-août • cocktail à 7-8 €

MOMIX

Bar à cocktails **㉖ Plan A3**

Autour c'est un peu la zone, mais cela vaut vraiment le coup de s'aventurer jusqu'à ce bar expérimental et ludique. Un conseil : installez-vous au comptoir pour apprécier les performances du barman, pardon du mixologiste. Éprouvettes multicolores, seringues, flacons débordant de fumée, bulles en suspension... les principes de la cuisine moléculaire sont utilisés pour nous en mettre plein la vue et les papilles. À goûter : le perfect kiss au rhum et au chocolat, le smurf in a bubble à la vodka (des perles bleues en suspension dans un verre qui fume), ou alors l'une des A Bubbles, ces cocktails servis dans une grosse capsule qui éclate en bouche !
1-5, Keleou • M° Keramikos • ☎ 697 43 50 179 • www.momixbar.com • T.l.j. 20h-3h • cocktail 9-11 €, les A Bubbles 4 €.

SYNTAGMA ET LE JARDIN NATIONAL Quartier 6 - p. 60

HALF NOTE JAZZ CLUB

Concerts **㉗ Plan D5**

Depuis une trentaine d'années, ce club de musique du quartier de Mets, derrière le stade Panathénaïque, propose une programmation hétéroclite de musique *live*, en accueillant des artistes de qualité et de toutes nationalités. Jazz, reggae, funky...

Une programmation éclectique pour un public d'amateurs éclairés.
17, Trivonianou • M° Akropoli • ☎ 210 92 13 310 • www.halfnote.gr • T.l.j. 20h-1h30 ; concerts fréquents, horaires variables ; se renseigner • Concerts : lun.-jeu. 21h30, ven.-sam. 22h30 • Entrée plein tarif : 20-30 €.

THE 7 JOKERS

Bar ㉘ **Plan C3**

Tout près de la place Syntagma, ce petit bar où se retrouvent les habitués du quartier est un bon plan pour déguster un café dans la journée ou boire un verre jusque très tard dans la nuit. Plus celle-ci avance, plus le bar se remplit d'amateurs de rock, de pop, de reggae et de funk, qui ne céderaient leur place pour rien au monde... Une adresse appréciée par les noctambules en *after*.
7, Voulis • M° Syntagma • ☎ 210 32 19 225 • Lun.-jeu. 10h-4h30, ven.-sam. 10h-6h, dim. 14h-4h30 • Boisson : env. 7 €.

AUTOUR DE L'AVENUE VASSILEOS KONSTANDINOU

Quartier 7 - p. 64

FRATER & SOROR ♥

Bar restaurant ㉙ **Plan E4**

Lumineux, industriel, vintage, tropical, original : sur deux niveaux, de bonnes *vibes* pulsent dans ce bistrot moderne. La devise : « There is always time for fine gin and fancy food ». Cocktails recherchés (8-10 €), cuisine créative très raffinée, brunch le week-end jusqu'à 14h...

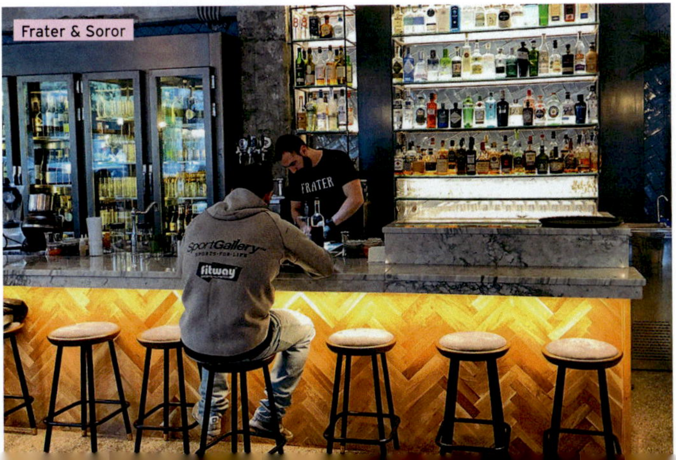

Frater & Soror

on se régale de saveurs subtiles et bien équilibrées. En sous-sol un restaurant gastronomique secret : Phi Beta Kappa. Le jeune chef Dimos Balopoulos est une étoile montante de la cuisine grecque.

• 6, Amynta • M° Evangelismos • ☎ 210 72 13 720 • T.l.j. 10h-2h • Cocktails 8-10 €, repas 25-30 €/pers.

KOLONAKI, SES MUSÉES ET LE LYCABETTE

Quartier 8 - p. 68

JAZZ IN JAZZ

Club jazz 30 Plan DE-3

Le propriétaire de ces murs, Costas Spanos, est réputé pour son faible attrait pour le jazz moderne : ne le lancez pas sur le sujet, vous risqueriez de vous retrouver sur le trottoir avant même d'avoir terminé votre phrase ! Mais si vous désirez entamer la discussion sur le « véritable jazz », il sera enchanté et pourra même, après quelques échanges, vous dévoiler des souvenirs de son ancienne vie de marin... Le Jazz in Jazz est un véritable petit musée et un excellent endroit pour disserter sur la musique autour d'un frappé. Un vrai club de jazz à l'ancienne.

4, Dinokratous • M° Evangelismos • ☎ 210 72 25 246 • T.l.j. 20h-3h • Cocktail : 10 € ; bière : 4 €.

FAUST

Concerts 31 Plan C3

Long bar en marbre, grands miroirs, rideaux épais en velours rouge, lustres et lumières tamisées : voilà planté le décor très boudoir de ce Faust. Le dimanche et le jeudi soir, des groupes de musique jazz et funk s'y produisent. Le vendredi et le samedi, ils laissent leur place à des DJ sets. Le 1er étage abrite un théâtre qui programme régulièrement des pièces et des performances artistiques. Un lieu nocturne qui brasse un public hétéroclite.

11, Kalamiotou • M° Monastiraki • ☎ 210 32 34 095 • www.faust.gr • Lun. 20h30-minuit, mar.-mer. 12h-15h et 20h30-minuit, jeu. 20h30-4h, ven.-dim. 11h30-4h (horaires variables, se renseigner) • Entrée libre, sf les soirs de concert (5 €) • Cocktail : 9 €.

MEGARON

Spectacles 32 Plan F3

Musique, opéra, danse, ballet, théâtre : le Megaron accueille toutes sortes de spectacles, avec une prédilection pour la musique classique et les opéras. Mais il organise aussi des concerts dans son jardin et, très exceptionnellement l'été, des soirées électro !

Vasilissis Sofias et Kokkali • M° Megaro Moussikis • ☎ 210 72 82 000 • www.megaron.gr • Billetterie du Megaron : lun.-ven.

Jazz in Jazz

9h-17h • Billetterie centrale : 8, Omirou (C3), lun.-ven. 10h-16h • T.l.j. selon la programmation • Entrée : plein tarif 15-20 €, tarif réduit 10-15 €.

AUTOUR DE PANEPISTIMIOU Quartier 9 - p. 64

BABA AU RUM ♥

Bar à rhums ㉝ **Plan C3**

Ouvert en 2009, Baba au Rum a lancé à Athènes la mode des bars à cocktails. Aujourd'hui encore, il caracole en tête des meilleures adresses du genre grâce à son atmosphère détendue, son décor rouge et rétro, et sa carte très fournie qui compte plus de 100 rhums d'origines différentes : Bahamas, Cuba, Pérou, Inde, Colombie, etc. Très fréquenté et vite bondé, le bar organise aussi des DJ sets. En été, préférez sa terrasse, idéalement située dans une rue piétonne.

6, Kleitiou • M° Monastiraki • ☎ 211 71 09 140 • www.babaaurum.com • T.l.j. 19h-3h, sam. 13h-4h • Daiquiri : 9 €.

GALAXY BAR

Bar ㉞ **Plan C3**

Cette adresse très peu connue – même des Athéniens – ne doit pas être confondue avec le bar du même nom, perché sur le toit de l'hôtel Hilton ! Pour y accéder, il faut d'abord traverser le hall de l'immeuble. Depuis 1972, Yannis et son frère sont aux commandes de ce bar vieille école pas plus grand qu'un long couloir, tapissé de lambris et de cadres. Ne venez pas y chercher une folle ambiance. Ici, la clientèle d'habitués (journalistes, avocats) refait le monde en enchaînant les verres de vodka (7 €) et d'Amaretto Sour dans une ambiance jazzy.

10, Stadiou • M° Panepistimio ou Syntagma • ☎ 210 32 27 733 • Lun.-sam. 10h-3h • Conso : env. 7 €.

Alexandrino

ALEXANDRINO

Bistrot ㉟ **Plan D2**

Ce café-bistrot du quartier d'Exarchia cultive une atmosphère cosy et parisienne, comme l'attestent les affiches d'Aristide Bruant épinglées aux murs. Les étudiants et les intellos y viennent à toute heure du jour pour profiter de sa miniterrasse, de ses cafés (2 € l'expresso ; 3,20 € le cappuccino freddo), de ses sandwichs et de ses bruschettas préparés à la commande (4-7 €). L'ambiance calme et jazzy se prolonge jusque tard le soir, le café laissant place aux verres de vin et aux cocktails classiques – essayez le Manhattan ou le Moscow Mule.

69A, Emmanouil Benaki • M° Omonia • ☎ 210 38 27 780 • Dim.-jeu. 11h-2h, ven. 11h-3h, sam. 12h-3h • Vin : env. 4 € leverre ; cocktails :8-10 €.

GIN JOINT

Bar à gin ㊱ **Plan C3**

Du gin, ce bar en propose plus de 60 variétés différentes ! Gin Joint cultive une atmosphère rétro, façon Prohibition, et s'est taillé une réputation auprès des oiseaux de nuit. Les deux salles se prolongent dans la rue avec des minicomptoirs où s'attabler. L'endroit est parfait pour admirer la dextérité des barmen armés de shakers. Un bar *trendy* dans un quartier très animé le soir.

1, Christou Lada • M° Panepistimio • ☎ 210 32 18 646 • www.theginjoint.gr • T.l.j. 18h-2h • Cocktail : env. 10 €.

KOLOKOTRONI 9 ♥

Bar à cocktails ㊲ **Plan C3**

Les habitués l'appellent tout simplement le 9. Juste en face de l'ancien Parlement, ce petit

Où écouter du jazz ET DU RÉBÉTIKO

Né au Pirée au début du XXᵉ siècle, le rébétiko s'apparente au blues. Les réfugiés d'Asie mineure consolaient leur peine avec cette musique plaintive et lancinante, extrêmement émouvante. Toujours à la mode, elle se joue dans de nombreux bars et tavernes d'Athènes. La capitale grecque est aussi une référence en ce qui concerne le jazz. Un festival renommé se tient en juin à Technopolis.

HALF NOTE JAZZ CLUB

La première salle spécialisée dans le jazz ouverte à Athènes : une référence depuis plus de trente ans.

Voir p. 146, Syntagma et le jardin national

AFRIKANA

Blues, jazz et musique Afro : les meilleurs musiciens grecs (ou non) se relaient dans cette petite salle.

Voir p. 145, Thissio, Gazi et Keramikos.

KIK PROJECT

Tous les dimanches et mardis soirs, *live* de jazz et gipsy jazz dans ce bar qui swingue à Exarchia.

Voir p. 152, Musée archéologique et Exarchia.

PROKA

Sur l'île d'Égine, un bar mouchoir de poche où les musiciens de l'île se retrouvent régulièrement.

Voir p. 153, Île d'Égine.

Voir aussi les tavernes Kapnikarea, p. 109 et Klimataria, p. 110.

Proka

bar propose des cocktails raffinés tout en distillant de la musique électronique matinée de sons ethniques (Pérou, Mexique, Caraïbes...). À la fois mixologiste et DJ, le jeune patron crétois, Dimitris Giakoumakis, impressionne par sa créativité. À l'étage, une petite salle au calme : un confortable fauteuil, une grande table, une bibliothèque où l'on se pose volontiers en journée.

9, Kolokotroni • M° Syntagma • ☎ 210 32 32 795 • facebook.com/Kolokotroni9/ • T.l.j. 10h-3h (minimum) • cocktails 9 € (sans alcool 5 €).

MUSÉE ARCHÉOLOGIQUE ET EXARCHIA Quartier 10 - p. 78

KIK PROJECT

Club de jazz ㊳ **Plan C2**

Live de jazz, gipsy jazz, swing tous les dimanches et mardis soirs à partir de 21h30, DJ les autres jours (sauf lundi). Clientèle d'habitués du quartier, autour de la quarantaine. Atmosphère décontractée et excellente musique. Brunch de 13h à 19h le week-end.

45, Emmanoueli Benaki • M° Omonia • ☎ 210 38 10 715 • Fb/kikproject • T.l.j. 10h-3h • verre à partir de 4 €.

LE PIRÉE ET LA FONDATION NIARCHOS Visite 11 - p. 82

OPÉRA NATIONAL

Musique classique ㊴ **Plan p. 82**

L'Opéra national est désormais logé dans deux salles de la SNFCC (le centre culturel de la fondation Niarcho). Minimaliste et d'une grande modernité avec ses panneaux en bois rouge carmin, l'**Opéra Stavros Niarchos** de 1 400 places est à couper le souffle. Plus petite (300 places) et plus sobre, la **scène alternative** se démarque, elle aussi, par son acoustique exceptionnelle. *Carmen*, *La Flûte enchantée* ou *La Traviatta* sont régulièrement à l'honneur, mais une part de la programmation est ouverte aux compositeurs

L'ouzo

L'autre boisson nationale (avec le café) est évidemment l'ouzo, cet alcool d'anis, servi pur, ou accompagné d'un verre d'eau pour qui souhaite l'allonger. On le boit dans les cafés, mais la tradition voudrait qu'il soit consommé dans les ouzeries, ces petits établissements où on le sert accompagné de *mezzé*, petites assiettes salées apéritives.

contemporains. Nombreux festivals (jazz, piano, rébétika, etc.).
SNFCC, 365 av. Syngrou, Kallithéa • ☎ 213 08 85 700 • www.nationalopera.gr • Billetterie T.l.j. 9-21h. • Billets : 10-65 €.

L'ÎLE D'ÉGINE Visite 13 - p. 94

INN ON THE BEACH

Bar sur la mer (40) Plan p. 94

Avec sa terrasse en bois qui s'avance dans la mer, le lieu est idéal pour savourer un verre au coucher du soleil. Il est aussi très agréable d'y prendre un copieux petit déjeuner ou un jus de fruit en journée. Le soir en été, les décibels montent, et la jeunesse de l'île s'y rassemble.
Toti Chatzi akti, à la sortie de la ville (vers le sud, environ 10 minutes à pied depuis le débarcadère) • ☎ 229 70 25 116 • Ouv. Pâques-mi sept, t.l.j. 10h-minuit (plus tard le week-end) • café à 3,2 €, cocktail 8-10 €.

PROKA

Piano bar intimiste (41) Plan p. 94

Petit bar chaleureux fréquenté par les gens de l'île, Proka est apprécié pour ses *lives*. Concert blues, jazz tous les mercredis soirs, le lundi soir, session d'improvisation des musiciens de l'île. Des concerts sont aussi régulièrement programmés (rock ou musique traditionnelle grecque), toujours de grande qualité. Atmosphère tranquille ou festive !
13, Pileos • ☎ 229 75 00 761 • facebook.com/prokaegina • T.l.j. 12h-16h et 20h-3h • verre de vin à 2,5 €.

Kik Project

AU CAFÉ
Tout un art de vivre

***Kafeneion* est un mot grec que vous aurez tôt fait d'apprendre tant il est essentiel dans la vie quotidienne de l'ensemble du pays. Il désigne le café, lieu de rendez-vous et de rencontre, où l'on passe des heures à refaire le monde depuis potron-minet jusque tard dans la nuit. À Athènes comme ailleurs, il joue un véritable rôle social et ponctue les rues, des plus humbles aux plus huppées.**

« Frappé »

Le rendez-vous des amateurs

Sur les îles et dans les campagnes, le café demeure un lieu réservé aux hommes. Ils s'y retrouvent entre eux pour discuter des heures entières ou jouer au ***tavli***, tandis que les femmes se rencontrent au marché, chez les commerçants ou devant l'église après leurs dévotions quotidiennes. À Athènes, les mentalités sont différentes : si, dans certains quartiers isolés, les petits cafés sont encore le fief des seuls hommes, les terrasses de Kolonaki ou de Plaka abritent des tablées de jeunes et moins jeunes, tous sexes confondus. La plupart sont ouverts sept jours sur sept, de 7h ou 8h à 1h ou 2h du matin au moins, et fréquentés par toutes les couches de la population.

Vivre au rythme du café

Passer de longs moments devant une tasse de café refroidi – mais que l'on continue de siroter très lentement à toutes petites gorgées – est le sport favori des Grecs qui, s'ils ne devaient conserver qu'un seul breuvage, choisiraient à coup sûr le café. Ils le consomment toute la journée, en grandes quantités et sous toutes ses formes, comme en témoignent les rayons des supermarchés et les brûleries d'Athènes, autour des halles de la rue Athinas ou de la rue Tsamadou au Pirée. Plus qu'une boisson, le café est pour eux **un art de vivre.** Dès que vous arrivez dans une maison, le premier geste de votre hôte sera de vous servir un café, souvent accompagné de biscuits ou de fruits au sirop. Dans les bureaux, dans les magasins, à la poste, les employés ont toujours une tasse auprès d'eux. Dans la rue, vous croiserez d'ailleurs des garçons livrant le café dans le quartier, tenant à bout de bras par un anneau un plateau en fer-blanc sur lequel sont déjà servies les tasses de café fumant. Les chauffeurs de taxi ne sont surtout pas en reste et certains déploient des trésors d'ingéniosité pour faire tenir en équilibre leur verre de « frappé ».

Le café dans tous ses états

Si vous souhaitez un café grec, commandez un ***elliniko*** et ne commettez surtout pas la faute de goût de le désigner comme un café turc, même s'il n'existe aucune différence entre les deux. Un bon café grec est toujours accompagné d'un verre d'eau et se prépare selon un rituel très rigoureux : dans une petite casserole en fer-blanc (le ***briki,*** que vous trouverez facilement chez les quincailliers de Monastiraki, accompagné des tasses en porcelaine blanche épaisse et des plateaux pour les transporter), versez un peu plus que la quantité d'eau nécessaire au nombre de tasses à préparer et – à froid – une cuillerée de café moulu et éventuellement du sucre. Mélangez bien et mettez sur le feu. Quand le mélange frémit et que la mousse apparaît, versez le café dans les tasses. Attendez un peu pour permettre au marc de se déposer au fond de la tasse. Celle-ci finie, retournez-la dans la soucoupe et tentez de lire votre avenir dans le marc ! Selon votre préférence, vous boirez votre café sans sucre (*sketo* ; vraiment fort), moyennement sucré *(metrio),* sucré *(gliko),* fort et sucré *(vari gliko)* ou encore léger et sucré *(elaphro gliko).*

Le « frappé »

C'est une autre spécialité particulièrement apprécié en été ! Dans un shaker, versez de l'eau, une cuillerée de café soluble, éventuellement du sucre et du lait concentré (de la marque Nounou par exemple). Refermez le shaker et agitez jusqu'à sentir une crampe dans votre bras. Versez le mélange dans un verre haut et ajoutez quelques glaçons avec une infinie précaution pour ne pas abîmer la mousse. Attention, mettez peu d'eau, car c'est la mousse qui compte. Tout un art...

Boutiques

PAR QUARTIER

À SAVOIR

OÙ FAIRE SON SHOPPING ?

S'il fallait lui trouver un équivalent parisien, la **rue Ermou,** qui relie Syntagma à Monastiraki, serait entre la rue de Rivoli et l'avenue des Champs-Élysées : vous y trouverez enseignes internationales, boutiques de chaussures de fabrication grecque et bijouteries. Pour un shopping plus luxueux, préférez les rues **Skoufa, Tsakalof, Anagnostopoulou, Iraklitou, Pindarou, Patriarchou, Ioakim** et **Charitos** dans le **quartier de Kolonaki.** Changement d'ambiance à **Plaka,** où les échoppes d'artisans côtoient petits bijoutiers, antiquaires et boutiques de souvenirs. Autre quartier prisé : la **place Monastiraki** et ses ruelles pavées adjacentes. Certes, l'ancien bazar ottoman a cédé la place à une pléthore de boutiques de souvenirs et de vêtements de plus ou moins bon goût. Mais **place Avissynlas,** on trouvera d'authentiques brocanteurs et un véritable marché aux puces le dimanche qui déborde tout autour. Ne manquez pas non plus une balade à **Psiri,** et en particulier aux **halles centrales** pour une plongée dans l'Athènes populaire entre grossistes, camelots, marchands de graines, de fruits secs, d'épices et d'oiseaux.

HORAIRES

Les horaires d'ouverture sont un vrai casse-tête. Retenez qu'en dehors des zones très touristiques, où les boutiques sont ouvertes toute la journée, les horaires sont réduits le lundi, le mercredi et le samedi (8h30-16h/17h) et plus généreux les mardi, jeudi et vendredi (8h30-20h/21h) avec toutefois une coupure entre 14h et 17h. Le dimanche, les boutiques sont en général fermées, mais les habitudes sont en train de changer.

COMMENT PAYER SES ACHATS

Les cartes de paiement internationales sont acceptées par une bonne partie des boutiques. Cependant, les petits commerces, et les artisans sont rarement équipés d'un terminal. Veillez donc à avoir toujours assez d'espèces pour les coups de cœur.

SE REPÉRER

Chaque adresse de boutique est associée à une pastille rouge numérotée.
Vous retrouverez toutes les adresses positionnées sur le plan détachable.

LES COUPS DE CŒUR
de notre auteur

Notre auteur a arpenté la ville pour dénicher échoppes cachées et boutiques originales. Voici ses meilleures adresses pour rapporter des produits 100% grecs.

FORGET ME NOT

Un coup de cœur absolu pour ces souvenirs beaux et originaux dessinés par de jeunes designers, grecs. La certitude de trouver un petit souvenir original !

Voir p. 161, Plaka.

RETROSEXUAL VINTAGE SHOP

Le temple des objets vintage, tous classés par couleurs : orange et marron, bleu pétrole et gris, rouge et rose...

Voir p. 166, Psiri et la place Agias Irinis.

Retrosexual Vintage Shop

Anavasi

SYN ALLOIS

Pistaches, fromages, huiles d'olive... Les meilleurs produits du terroir grec avec une éthique solidaire derrière.

Voir p. 168, Thissio, Gazi et Keramikos.

MON COIN STUDIO

Céramiques, sacs, bijoux, foulards, produits de beauté... : un coin qui réunit une sélection pointue de créateurs grecs.

Voir p. 164, Monastiraki et l'ancienne Agora.

ANAVASI

Dans cette librairie consacrée au voyage, on trouve toutes les cartes de randonnées de Grèce et de beaux livres comme *Les Îles vues du ciel.*

Voir p. 161, Plaka.

Mon Coin Studio

Melissinos Art

L'ACROPOLE, SON MUSÉE ET KOUKAKI Quartier 1 - p. 24

MELISSINOS ART

Sandales et art ① **Plan C5**

Stavros Melissinos est un personnage légendaire à Athènes : connu pour ses sandales à semelles de caoutchouc mais aussi pour ses poèmes et ses pièces de théâtre. Aujourd'hui, c'est son fils, Pandélis qui a pris le relai. Ils ont chaussé les célébrités du monde entier comme les Beatles, Leonard Cohen, Jeremy Irons ou Kate Moss. Entre les vers de Stavros et les peintures de Pandelis, vous trouverez forcément chaussure à votre pied.

16, Tzireon & Athanasiou Diakou, M° Akropoli • ☎ 210 32 19 242 • www.melissinos-art.gr • T.l.j. 9h15-15h • Entre 40-60 €.

PLAKA Quartier 2 - p. 34

SPONGES

Éponges ② **Plan C4**

Voilà une boutique qui vend principalement des éponges naturelles pêchées dans les eaux de la mer Égée près de Kalymnos. La majorité des éponges que vous trouverez à Athènes proviennent de cette zone, qui vit de cette activité. Entre les différentes espèces remplissant les paniers, l'éponge lagophita remporte tous les suffrages par sa douceur et sa structure compacte qui la rend plus résistante. Vous trouverez aussi une gamme de produits de beauté grecs, Clean Skin, à base de thé vert et d'huile d'olive, ainsi que des savons à l'huile d'olive.

114, Adrianou, M° Syntagma • ☎ 210 32 36 363 • T.l.j 10h-21h.

SO WHAT !

Sandales ③ **Plan C3-4**

So What ! vend essentiellement des sandales Kouros entièrement fabriquées en Grèce. Le choix est impressionnant, de la spartiate classique jusqu'aux modèles plus originaux, en cuir clair, foncé ou coloré. Les prix sont attractifs, de 18 à 50 € pour les plus travaillées. Vous trouverez également quelques sacs et portefeuilles en cuir.

10, Kapnikareas, M° Monastiraki • ☎ 210 32 13 013 • www.greek-leather-sandals.com • T.l j. 10h-21h.

ANAVASI ♥

Librairie ④ **Plan C4**

À deux pas de Syntagma, juste derrière l'hôtel Electra Metropolis, cette petite librairie du voyage propose des cartes de toute la Grèce. Normal, c'est la librairie de l'éditeur Anavasi, qui produit les meilleures cartes de randonnées du pays, mais aussi de beaux livres, en particulier la collection vue du ciel *As the seagull flies* (13-40 €). Grande collection de *scratch maps* (cartes du monde à gratter) et de globes terrestres.

32, Voulis, M° Syntagma • ☎ 210 32 18 104 • www.anavasi.gr • Lun. et mer. 9h-17h30, mar., jeu., ven. 9h-20h, sam. 10h-15h30.

FORGET ME NOT ♥

Souvenirs ⑤ **Plan C4**

Un magasin de souvenirs tout sauf ringard ! Dans cette boutique ouverte en 2014 par un architecte designer, on trouve des objets pensés par des graphistes et des designers grecs : coussins imprimés de chouettes (l'emblème de la ville), tee-shirts et tabliers arty (environ 25 €), mugs humoristiques (18 €), cartes postales pas clichés (1 €)... Ou encore, plus étonnant, une tablette en marbre pour poser son ordinateur (330 €) ou des sacs en toile de bateau recyclée.

100, Adrianou, M° Monistikari • ☎ 210 32 53 740 • www.forgetmenot-athens.gr • T.l.j. 10h-21h.

BRETTOS

Distillerie ⑥ **Plan C4**

Depuis 1909, les établissements Brettos distillent leurs propres ouzo, brandy et liqueurs (pas moins de 36 variétés). À côté du bar où l'on peut les déguster, s'alignent les tonneaux auxquels les habitués remplissent leurs cubitainers. Le soir, l'éclairage multicolore met en lumière les bouteilles qui tapissent les murs, créant une ambiance féerique et

chaleureuse. Une institution !
41, Kydathineon, M° Acropoli • ☎ 210 32 32 110 • www.brettosplaka.com • T.l.j. 10h-2h30 • Ouzo 200 ml : 11 €.

FINE WINE

Cave à vins ⑦ **Plan C4**

Dimitris Sousounis s'est spécialisé dans les seuls vins grecs et surprendra les connaisseurs avec de grands crus insoupçonnés. Parmi un large choix de rouges (6-30 €) et de blancs (6-18 €), quelques bouteilles exceptionnelles (château Carras de 1991 ou cabernet sauvignon de Chalcidique à 300 € le jéroboam).
3, Lysikratous, M° Akropoli • ☎ 210 32 30 350 et 697 43 20 587 • Lun.-sam. 10h-22h, dim. 12h-22h.

MONASTIRAKI ET L'ANCIENNE AGORA Quartier 3 - p. 42

LIBRAIRIE VASSILIS KOROVESSIS

Librairie ancienne ⑧ **Plan B3**

Vassilis Korovessis collectionne des trésors. On trouve dans sa librairie des livres anciens comme les éditions originales des voyages en Orient de Châteaubriant ou de Joseph Pitton de Tournefort, ou encore les grands atlas de l'expédition de Morée, réalisée au début du XIXe s. par des scientifiques français. On y déniche aussi des cartes, des affiches et des cartes postales d'Athènes à partir de 1 €... Sans oublier des acrotères, ces céramiques en forme de têtes couronnées qui ornent la toiture des maisons néoclassiques.
7, Adrianou M° Thissio • ☎ 210 32 17 562 • T.l.j. de 11 à 20h.

KATERINA

Jeux de société ⑨ **Plan B3**

Le grand-père de Katerina tenait déjà cette boutique, qui compte parmi les plus anciennes du quartier. Du sol au plafond, ce ne sont que jeux de *tavli* (variante du backgammon), de dames et d'échecs fabriqués en Grèce, mais aussi des pions aux couleurs vives ou irisées. Un vrai jeu de *tavli* doit être en bois marqueté et ses *pouglia*, les pions en pierre, lourds et lisses pour glisser sans bruit sur le plateau. Débutants, n'hésitez pas à demander les règles du jeu !
21, Ifestou, M° Monastiraki • ☎ 210 32 15 694 • T.l.j. 9h-21h.

MUSIQUE SHOP

Musique ⑩ **Plan B3**

Ioanis Samoyelian perpétue le savoir-faire de sa famille, qui depuis 70 ans fabrique, répare et restaure des bouzoukis, des *baglamades* ou des luths. Selon leur qualité, l'importance du décor et du travail, les prix des bouzoukis vont de 150 à 500 € et ceux des *baglamades* de 80 à 130 €. Dans le fond de la boutique,

Notre sélection « MADE IN ATHENS »

Les créateurs grecs ne manquent pas d'imagination ! Revisitant les mythes, les traditions ou encore les clichés du pays, ils créent des souvenirs ou des vêtements utiles, beaux et parfois drôles.

Forget me not

MON COIN STUDIO

Une sélection pointue et design de céramiques, bijoux, sacs, foulards créés par de remarquables créateurs grecs.

Voir p. 164, Monastiraki et l'ancienne Agora.

PARTHENIS

Une ligne de vêtements fluides, dépouillés et élégants pour homme et femme, dessinée et fabriquée à Athènes.

Voir p. 170, Kolonaki, ses musées et Lycabette.

FORGET ME NOT

Âne, œil de méduse, dieux de l'Olympe, mais aussi objet en cuir, en marbre blanc, cotonnades... des souvenirs inspirés !

Voir p. 161, Plaka.

MELISSINOS ART

Comme Kate Moss et John Lennon, on chausse les mythiques sandales grecques fabriquées sur mesure

Voir p. 160, L'Acropole et Koukaki.

Mon Coin Studio

vous trouverez des partitions de musiques grecques traditionnelles.
36, Ifestou, M° Monastiraki • ☎ 210 32 12 433 • Lun., mer., sam.-dim. 11h-18h, mar., jeu.-ven. 11h-20h.

MON COIN STUDIO ♥

Céramique ⑪ Plan B3

C'est à la fois une jolie boutique consacrée à la céramique contemporaine grecque et l'atelier d'Eleonore Trenado-Finetis, une céramiste française enracinée depuis longtemps en Grèce. Tout l'esprit et l'énergie d'une vingtaine d'artistes grecs sont réunis ici. Des workshops sont proposés pour s'initier à la céramique. Plus petite, la première boutique d'Eleonore, existe toujours de l'autre côté de l'Acropole, à Koukaki.
7, Thissiou, M° Thissio ou Monastiraki • ☎ 210 32 17 806 • Lun-dim 10h-18h30. Autre adresse : 16, Erechtiou • M° Acropoli • ☎ 210 92 10 631 • Lun., mer. 10h -16h ; mar., jeu., ven. 10h-14h30, 17h30-20h30, sam. 10h-18h.

PSIRI ET LA PLACE AGIAS IRINIS Quartier 4 - p. 48

GOUNTAS CHRISTOS

Komboloï ⑫ Plan B3

Dans cet atelier-boutique, le komboloï devient bijou. Avec minutie, deux jeunes femmes assistées de professionnels cisèlent des perles d'argent, taillent des pierres précieuses et semi-précieuses. Les couleurs de la passementerie sont assorties à celles de l'ambre, du jaspe, du corail ou du cristal de roche, apportant une touche supplémentaire de raffinement. Chaque création est unique. Comptez 18 € pour un komboloï en argent et 43 € pour celui qui associe argent et onyx.

La folie des puces

Chaque dimanche matin, les **puces de Monastiraki,** autour de la place Avissynias (B3), envahissent les rues. Ce sont des antiquaires, des brocanteurs et des camelots qui déballent leurs marchandises dans tout le quartier. On y trouve des fins de stocks, des meubles et objets de seconde main, candélabres, plats et vaisselle en cuivre, ainsi que mille petits objets du XIXᵉ s. et, plus souvent, des copies d'ancien. Un marché extraordinaire ! Au **Pirée** (p. 82), près de la place Ipodamias, sur Omiridou Skilitsi, nombre de brocanteurs se concentrént à l'intersection des rues Filonos et Syntagmatos. Ils sont ouverts en matinée tous les jours de la semaine et ne proposent à la vente que des objets anciens.

Peri Lesvos

12, Leokoriou, M° Thissio • ☎ 210 32 51 976 • Lun.-ven. 10h-20h, sam. 10h-15h.

PERI LESVOS

Épicerie fine ⑬ **Plan C3**

Cette boutique a choisi de mettre en valeur les productions de trois îles grecques : Lesbos, Limnos et Chios. Huiles d'olive (à partir de 5 € le litre), ouzo, raki, nougats, olives, biscuits, confitures, miel (7 €), halva ou loukoums sont produits ou fabriqués par des petits producteurs ou des coopératives locales. Le choix est vaste, la boutique propose également quelques produits frais, notamment des fromages. Une excellente adresse et des prix corrects pour rapporter des souvenirs de bouche de Grèce.
27, Athinas, M° Monastiraki
• ☎ 210 32 33 227
• Lun.-ven. 9h-20h, sam. 9h-17h.

GUADELOUPE

Mode vintage ⑭ **Plan BC3**

Après avoir vécu à Amsterdam, Angeliki est revenue en Grèce avec l'idée d'ouvrir une boutique vintage comme il y en a tant là-bas. Pari réussi ! Atmosphère cool et déco surchargée avec des tapis, des fauteuils, des plantes, des fleurs et des cravates accrochées à la rambarde qui mène à la mezzanine. Il faut fouiller parmi vêtements et accessoires pour trouver son bonheur (prix maximum : 35 €). En bas, c'est le rayon femme. En haut, l'homme.
• 12, Protogenous, M° Monastiraki
• ☎ 697 85 23 933
• www.guadeloupevintageshop.com
• Mar., jeu. et ven. 12h-22h, mer., sam. 12h-18h, dim. 13h-18h.

VOIR AUSSI LES BOUTIQUES (P. 52) :

Elixir ㉒ Plan C3

Pasialis ㉓ Plan C3

THISSIO, GAZI ET KERAMIKOS Quartier 5 - p. 54

SYN ALLOIS ♥

Épicerie fine ㉔ **Plan A4**

Regorgeant de produits du terroir grec, les rayons de cette épicerie mettent en appétit ! Son nom est l'acronyme de Syneterismos Alleligyas Oikonomias, qui signifie Coopérative de l'Économie solidaire : les revenus vont quasiment directement du consommateur au producteur.

35, Nileos, M° Thissio
• ☎ 210 34 56 681 • www.synallois.org
• Lun.-ven. 9h-21h (mer. 16h), sam. 10h-16h.

SYNTAGMA ET LE JARDIN NATIONAL Quartier 6 - p. 60

KORRES

Cosmétiques ㉕ **Plan C3-4**

Créée en 1996 dans la première pharmacie homéopathique d'Athènes, Korres est devenue une référence mondiale en matière de cosmétiques naturels. Dans cette officine ultrachic et design, plus de 400 références. À vous la crème de jour à la rose (34 €), l'après-soleil au yaourt (22 €), le gel douche à la goyave ou à la figue (19 €). Impossible de ne pas craquer pour ces parfums gourmands, ces actifs naturels et ces emballages élaborés.

4, Ermou, M° Syntagma
• ☎ 210 32 10 054 • www.korres.fr
• Lun.-ven. 9h-21h, sam. 9h-20h.

AUTOUR DE L'AVENUE VASSILEOS KONSTANDINOU Quartier 7 - p. 64

HALLELUJAH

Mode femme ㉖ **Plan E4**

La styliste Eleftheria Domenikou a été la première à ouvrir une boutique de mode dans cette rue. Au programme : des robes de plage en coton (25 €), des robes trois trous en soie (110 €), des combinaisons en coton, des sweats pastel (45 €) et des gilets de laine (80 €). Un coin bijoux à l'esprit minimaliste complète la collection.

32, Archelaou, M° Evangelismos
• ☎ 210 72 35 210
• Mar., jeu.-ven. 10h30-14h30 et 17h30-20h30, mer. 11h-18h, sam. 12h-18h.

INTUITION DESIGN SHOP

Déco et accessoires ㉗ **Plan E4**

Architecte touche-à-tout, Valia a ouvert son atelier-boutique. Dans cet espace, elle imagine, peint et customise plein d'accessoires de mode et de déco : coussins, bijoux (20 € les bagues), sacs (80 € les modèles en cuir), chapeaux et chaussures (35 € les ballerines, 80 € les boots). À côté, elle sélectionne aussi de petits objets design et quelques vêtements peu chers rapportés de ses voyages. Un mélange des genres joyeux et coloré qui lui ressemble.

9, Efroniou, M° Evangelismos • ☎ 697 24 74 260 • www.intuitiondesign.gr • Lun., mer., ven.-dim. 10h30-15h30, mar. et jeu. 10h30-15h30 et 17h30-20h30.

LIBRAIRIE LEXIKOPOLEIO

Librairie ㉘ **Plan E4**

Point de rencontre culturel à Athènes, cette petite librairie internationale anime le quartier par son dynamisme et sa convivialité. Présentations d'écrivains, clubs de lecture, ateliers d'écriture... : plus de la moitié des événements sont en français (consulter la page Facebook). Le rayon consacré à la Grèce est le plus fourni avec plus de 600 références en français : des classiques aux dernières publications d'auteurs grecs traduits.

13, Stasinou, place Proskopon, M° Evangelismos • ☎ 210 72 31 20 • Fb/lexikopoleio • Mar., jeu. et ven. 9h-21h, lun., mer. 9h-18h, sam. 9h-16h.

Korres

KOLONAKI, SES MUSÉES ET LE LYCABETTE Quartier 8 - p. 68

MISSEYANNIS

Torréfacteur (29) Plan D3

Chez les Misseyannis, on est torréfacteur de père en fils depuis 1914. Cette vaste boutique propose un choix varié de cafés, thés, fruits confits et fruits secs. Goûtez aux amandes ou aux pistaches, vous ne risquez pas d'être déçu ! C'est avec un grand sourire aux lèvres que Yorgos sert sa clientèle d'habitués. On peut aussi craquer pour des théières, des pots à thé ou des tasses à café.

7, Leventi, M° Evangelismos • ☎ 210 72 10 036 • www.misseyannis.gr • Lun. et mer. 8h-15h, mar. et jeu. 8h-15h et 17h-20h30, ven. 8h-20h30, sam. 8h30-16h (f. sam. en juil.-août).

PARTHENIS

Mode (30) Plan D3

Depuis plus de 40 ans, Dimitris et, aujourd'hui, sa fille Orsalia Parthenis créent des vêtements élégants et confortables, intemporels et inspirés par le l'esthétique antique. Pour hommes et pour femmes, ces basiques minimalistes unis, aux formes amples et fluides, sont toujours très structurés. Tous les vêtements sont dessinés et fabriqués à Athènes.

20, Dimokritou (à l'ange de la rue Tsakaloff), M° Panepistimio • ☎ 210 36 33 158 • www.orsalia-parthenis.gr • Lun., mer. 10h-15h, mar., jeu. et ven. 10h-20h30, sam. 10h-16h • Robes à partir de 95 €.

APIVITA

Beauté ㉛ Plan D3

Préparez-vous à vivre un moment de détente totale dans cette boutique-salon de beauté de cinq étages, où la célèbre marque de cosmétiques naturels (à base de miel, de plantes, de fleurs et d'huiles essentielles) dévoile sa philosophie et son savoir-faire. Boutique, bar à jus, salon de lecture, barbier, atelier de maquillage, coiffeur, coloriste, Spa... On peut y passer des heures, le temps d'essayer ses produits-phares : crème solaire (21,50 €), shampoing à la propolis (59,60 €), masque à la gelée royale, gel douche à la figue (11 €), crème hydratante « Queen Bee » (65 €)...

6, Solonos, M° Syntagma • ☎ 210 36 40 560 • www.apivita.com • Lun., mer. et sam. 10h-17h, mar., jeu. et ven. 10h-21h • Massages : 30-60 € ; smoothies : 6 €.

ARTISTON

Boulangerie ㉜ Plan D3

Située juste en face de l'église Saint-Dionysos, cette boulangerie centenaire fait des merveilles : un impressionnant choix de pains de froment et de farines mélangées, mais surtout d'excellents gressins faits maison, parfumés aux olives, au cumin, au sésame, au romarin... En version sucrée, des biscuits secs tout droit sortis du four, aux effluves de cannelle, parfaits pour combler un petit creux.

41, Skoufa, M° Panepistimio • ☎ 210 36 07 907 • www.artiston.gr • Lun.-sam. 7h-16h (15h en hiver).

YOLENI'S

Concept-store ㉝ Plan D3

Une adresse unique à Athènes pour découvrir tous les produits du terroir grec. Sur cinq étages, ce concept-store propose à la fois une épicerie fine de petits producteurs (plus de 2 000 produits), un bistrot spécialisé dans les *pites* (tourtes salées 4,5-7 €), un restaurant de viande (burger au Metsovone, un fromage grec fumé), un bar à huile d'olive, des cours de cuisine et une halte-garderie créative (7 €/2h) !

9, Solonos, M° Syntagma • ☎ 212 22 23 600 • www.yolenis.com • T.l.j. 8h-minuit (sam. 9h, dim. 10h).

AUTOUR DE PANESPISTIMIOU Quartier 9 - p. 74

PANTOPOLEION TIS MESOGEIAKIS DIATROFIS

Épicerie fine ㉞ Plan C3

Vins, huiles d'olive, herbes, sardines à l'huile de Mytilène, poutargue de Missolonghi, olives de Thassos ou de Kalamata, miels de thym, de châtaignier, de sapin ou d'oranger... Situé juste derrière le marché central, ce petit supermarché dédié aux produits du terroir grec

Où acheter DES PRODUITS GRECS

Qui sait qu'en dehors du tourisme et de la marine marchande, le secteur qui se porte le mieux en Grèce est celui de l'agro-alimentaire ? Avec un territoire aussi riche et morcelé, chaque région a ses spécialités : huile d'olive, fromages, vins, douceurs, gâteaux, miels, pâtes, conserves, charcuterie... Les produits du terroir ont ainsi le vent en poupe et les épiceries ont fleuri dans la capitale.

SYN ALLOIS

Promouvant le commerce solidaire, cette coopérative ne propose que des produits de petits producteurs.

Voir p. 168, Thissio, Gazi et Kéramikos.

YOLENI'S

Un concept-store avec plus de 2 000 références de produits grecs, un restaurant de viande, un bistrot de tourtes salées....

Voir p. 171, Kolonaki, ses musées et Lycabette.

Yolenis

Pantopoleion

PANTOPOLEION TIS MESOGEIAKIS DIATROFIS

Cette « épicerie du régime méditerranéen » est un vrai petit supermarché du terroir grec.

Voir p. 171, Autour de Panespistimiou.

MASTIHA SHOP

Chewing-gums, loukoums, liqueurs, cosmétiques... toute une gamme de produits à base de mastic (la résine du lentisque).

Voir p. 174, Autour de Panespistimiou.

porte bien son nom : « l'épicerie du régime méditerranéen ».

1, Sofokleous, M° Panepistimio • ☎ 210 32 34 612 • www.atenco.org • Lun.-ven. 9h-17h, sam. 10h-17h.

KOUKOUTSI

Tee-shirts ㉟ **Plan D2**

Pour un souvenir d'Athènes ni trop vu ni trop ringard, vous devriez trouver votre bonheur dans cette boutique créée par deux amis designers, Niko et Taso. Leur spécialité : les tee-shirts (19,90-29,90 €) imprimés et sérigraphiés de dictons de philosophes et de dessins minimalistes inspirés par l'architecture d'Athènes ou par la courbe de la crise grecque. Ils ont aussi créé des sacs à dos imprimés façon carte postale (49 €). La boutique propose également des accessoires, pochettes, badges, papeterie…

81, Skoufa, M° Panepistimio • ☎ 210 36 14 060 • www.koukoutsi.net • Lun., mer. et sam., 10h-16h30, • mar., jeu. et sven. 10h-21h.

ARISTOKRATIKON

Confiserie ㊱ **Plan C3**

Voici une confiserie bien appétissante, dont le succès ne s'est pas démenti depuis 1928. On y trouve des chocolats, des pistaches caramélisées (18 € la livre), des fruits confits et des fruits au sirop, des pralines et des petits-fours. La pistache entre aussi dans la confection de gâteaux succulents. À fréquenter avec modération si on ne veut pas voir son tour de taille augmenter de façon spectaculaire !

Fotagogos

7, Voulis, M° Syntagma • ☎ 210 32 20 546 • www.aristokratikon.com • Lun.-ven. 8h-21h, sam. 8h-16h

FOTAGOGOS

Librairie ㊲ **Plan C3**

Francophone depuis son enfance, Julia Tsiakiris, également traductrice (notamment de *L'Étranger* d'Albert Camus), dirige cette librairie située au fond d'un passage couvert. À l'intérieur : musique classique, ambiance

studieuse ; l'endroit tout indiqué pour prendre son temps, feuilleter les livres de photos et de poésie (traduits en français), admirer les expositions, découvrir des revues artistiques et acheter des photos de Grèce imprimées sur du papier chinois (10 € le A4).
59B, Kolokotroni, M° Monastiraki • ☎ 210 38 39 355 • T.l.j. 10h-21h (11h-20h en hiver).

MASTIHA SHOP

Produits du lentisque **(38) Plan D3**

On l'appelle *mastiha* ou mastic. Cette résine naturelle et aromatique est sécrétée par le lentisque – un arbre de la taille du pistachier – sur l'île de Chios. Rare, on lui prête de nombreuses vertus médicinales et cosmétiques (digestion, cicatrisation, anti-inflammation). Dans cette boutique très design, vous trouverez une foule de produits à base de mastic, à la saveur unique, à la fois fraîche et amère : huile d'olive, confitures, loukoums, chocolats (2,90 € la tablette), mini-billes à mâcher (2,25 €), céréales, biscuits, liqueurs (6,50 € la petite bouteille), pâte à tartiner d'aubergine fumée (4,30 €), etc. En bonus : plein de produits de beauté, également à la *mastiha*.
6, Panepistimiou, M° Syntagma • ☎ 210 36 32 750 • www.mastihashop.com • Lun. et mer. 9h-20h, mar., jeu. et ven. 9h-21h, sam. 9h-17h.

LE PIRÉE ET LA FONDATION NIARCHOS Visite 11 - p. 82

Olympiakos Official Store

OLYMPIAKOS OFFICIAL STORE

Football **(39) Plan p. 82**

C'est l'un des trois plus grands clubs de football de Grèce et l'un des favoris des Athéniens !
La boutique officielle de l'Olympiakos voit la vie en bicolore : rouge rayé blanc. Et sur ce thème, tout y passe : tee-shirts (à partir de 15 €), horloges, montres, ballons bien sûr, mais aussi sous-vêtements ou vaisselle... Il y en a pour tous les prix et tous les goûts.
8, Karaoli Dimitriou, M° Faliro • ☎ 210 32 14 889 • www.redstore.gr • T.l.j. 10h-21h.

Mourtzis

ZACHARIERA TIS ZOIS

Halva 40 Plan p. 82

Cette boutique recèle un trésor : le halva le plus traditionnel de Grèce, fabriqué au Pirée depuis 1924 selon une recette d'Asie Mineure, confectionné avec des graines de sésame pilées, du sirop et du sucre. Bref, une bombe calorique ! Pourtant, les habitués du lieu vous garantiront que cette douceur (nature, au chocolat ou aux amandes) est excellente pour la santé et même le cerveau. La maison propose d'autres produits artisanaux, comme les fruits et légumes confits au sirop, des confitures crétoises, ainsi que des biscuits et du miel maison.

155, Praxitelous, M° Faliro
• ☎ 210 42 27 606
• Lun., mer. et sam. 9h-15h, mar., jeu.- et ven. 9h-14h et 17h30-20h30

L'ÎLE D'ÉGINE Visite 13 - p. 94

MOURTZIS

Épicerie fine 41 Plan p. 94

Des pistaches, des liqueurs et du vin, du thé, des confitures, des douceurs... À deux pas du marché au poisson, voici la belle boutique de la famille Mourtzis, productrice de pistaches sur l'île. L'un des fils étant confiseur, on y trouve d'excellents nougats, pralines, chocolats, florentins, sablés... à base de pistache bien sûr.

57, P. Irioti • ☎ 229 70 27 649
• www.mourtzis.com

ORGANISER son week-end

QUAND PARTIR ?

Quelle que soit l'époque de l'année, vous êtes sûr, ou presque, de trouver du beau temps à Athènes.

- Néanmoins, rien ne vaut le **printemps et l'automne** pour profiter d'un temps ensoleillé et chaud : même en novembre, les températures sont proches de 20 °C.
- L'été, la chaleur plombe la ville et en août, les Athéniens la désertent pour se rafraîchir sur les îles.

Si vous ne craignez pas la chaleur, c'est l'occasion de découvrir la ville tranquillement, en vous réfugiant dans les musées climatisés au pic de la journée.

FORMALITÉS

Les ressortissants de l'Union européenne, y compris les mineurs, doivent être en possession d'une **carte d'identité ou d'un passeport** en cours de validité.

COMMENT Y ALLER ?

Air France propose des vols directs, réguliers et quotidiens depuis Paris et également des vols directs depuis Marseille, Nantes et Nice.

☎ 36 54 (T.l.j. 7h30-22h)
• www.airfrance.fr

Aegean Airlines propose jusqu'à 34 vols par semaine entre la France (départs de Paris, Marseille, Lyon, Bordeaux, Toulouse, Nantes, Nice et Strasbourg notamment) et la capitale grecque. Elle assure des vols vers 31 destinations domestiques, la plupart en correspondance directe au départ d'Athènes.

☎ 01 70 03 13 23
• www.aegeanair.com

Transavia Airlines, la compagnie low cost assure des vols réguliers vers Athènes depuis Paris et des des liaisons directes depuis Lyon et Nantes.

☎ 0892 058 888 • T.l.j. 8h-22h
• www.transavia.com

Easyjet assure pendant les mois d'été (juin, juillet et août) des vols entre Paris-Orly et Athènes.

☎ 0820 420 315• T.l.j. 8h-20h
• www.easyjet.fr

BUDGET

- La vie à Athènes coûte relativement moins cher que dans les autres grandes villes d'Europe, mis à part les nuits d'hôtel.

Avec 200 € par jour pour deux personnes, vous devriez vous en

À SAVOIR

Les **enfants mineurs** doivent posséder leur propre carte d'identité ou passeport. S'ils ne sont pas accompagnés de leurs parents, une autorisation de sortie du territoire est nécessaire. Formulaire à télécharger sur :
www.service-public.fr/particuliers/vosdroits/F1359

sortir pour le logement, les repas, les transports et les musées !

DANS QUEL QUARTIER LOGER ?

◗ Les hôtels de luxe sont concentrés sur la place **Syntagma** et **Kolonaki.** ◗ Pour des adresses bien situées et meilleur marché, choisisssez **Plaka,** mais aussi **Psiri.** À éviter en revanche, les hôtels autour d'Omonia, un quartier où sévit drogue et prostitution. ◗ Pour plus de calme, choisissez **Akropoli,** juste derrière l'Acropole, un quartier rénové et très agréable.

SE RENSEIGNER

www.visitgreece.gr : Office national hellénique du tourisme
www.culture.gr
www.discovergreece.com
https://www.thisisathens.org : site officiel d'Athènes
et **www.vivreathenes.com** : tous les conseils de deux Françaises vivant à Athènes (expos, bons plans, nouvelles adresses...)

RETIRER DE L'ARGENT

◗ On trouve partout des distributeurs automatiques. Depuis 2018, une commission est appliquée qui va de 2 à 4 € par retrait.
L'usage de la carte bancaire tend à se généraliser et on peut désormais l'utiliser dans la plupart des établissements, même dans les plus petits commerces

COMBIEN ÇA COÛTE ?

Ticket de métro : 1,40 €
Course en taxi dans le centre : entre 3,50 et 10 €
Entrée dans un musée : 6-20 €
Déjeuner sur le pouce : 3-5 €
Repas dans un restaurant : 20-30 €
Spectacle : 10-30 €

POURBOIRE

Si vous êtes satisfait du service, laissez un pourboire, il sera d'autant plus apprécié que les salaires sont très bas en Grèce. Il est d'usage de laisser entre 5 et 10% de la note.

HEURE LOCALE

Que ce soit en été ou en hiver, il y a une heure de décalage entre Paris et Athènes. Il est donc 9h à Athènes quand il est 8h à Paris.

TÉLÉPHONER

Pour appeler Athènes depuis la France : 00 30 + 210 et le numéro de votre correspondant.
Pour appeler la France depuis Athènes : 00 33 + numéro de votre correspondant sans le zéro.
Les frais d'itinérance *(roaming)* ne sont plus facturés par votre opérateur lors de vos voyages au sein de l'Union européenne. Vos communications à Athènes vous coûteront le même prix que vos communications nationales. Renseignez-vous auprès de votre opérateur.

ARRIVER À ATHÈNES

L'aéroport Élefthérios-Venizélos est situé à Spata, à environ 35 km à l'est d'Athènes. Pour relier la ville, vous aurez le choix entre plusieurs options, à vous d'arbitrer en fonction de vos bagages et de votre budget.

☎ 210 35 30 000 • www.aia.gr

REJOINDRE LE CENTRE VILLE EN...	PRIX	DURÉE
En bus express Plusieurs bus express partent de l'aéroport et fonctionnent 24h/24. Le **bus X95** dessert le centre-ville. D'autres navettes font la liaison avec le Pirée (**X96**) et Kifissia (**X92**).	6 € (3 € - de 18 ans et + de 65 ans).	Départ toutes les 10 à 25 min, au niveau de la sortie 5 de l'aéroport. Liaison pour le centre-ville (M° Syntagma) en 1h.
En métro La **ligne 3** du métro (ligne bleue) a pour terminus Athens International Airport. www.athenstransport.com/english/tickets	10 € aller, 18 € A/R. (2 pers. : 18 € aller ; 3 pers. : 24 € aller). Attention : le billet au départ ou à destination de l'aéroport a une tarification particulière.	Départ t.l.j. toutes les 30 min 6h30-23h30. Durée du trajet : moins de 45 min pour le centre d'Athènes (Syntagma, Monastiraki, Thissio).
En taxi Station devant la sortie 3 de l'aéroport. Vous pouvez réserver un taxi à l'avance : **Kosmos radio taxi :** ☎ 18300 • www.18300.gr **Radio taxi Enotia :** ☎ 210 64 59 000 • www.athensradiotaxienotia.gr	38 € (tarif 1 pour le centre-ville, bagages et péages d'autoroute compris. 56 € si vous voyagez entre minuit et 5h, tarif 2). Veillez à ce que le chauffeur mette bien le compteur.	Entre 40 et 60 min, mais attention aux embouteillages, très fréquents à Athènes. Ce n'est pas la solution la plus rapide ni la plus économique.

SE DÉPLACER À ATHÈNES

• Le plan des transports est au verso du plan détachable •

Immense et tentaculaire, Athènes surprend et épuise par ses dimensions. En été, on assiste à des embouteillages monstres entre 22h et 1h du matin, voire plus tard, sur les avenues Syngrou et Poseidonos, qui relient respectivement le centre au Pirée et à Glyfada, où les discothèques et les bouzoukis installent leurs quartiers d'été. On peut facilement circuler à pied dans le centre d'Athènes.

LES TRANSPORTS EN COMMUN

www.oasa.gr

EN MÉTRO

Le métro circule t.l.j. 5h30-minuit, jusqu'à 2h ven. et sam. Il compte 3 lignes ponctuées d'une cinquantaine de stations.

EN TRAMWAY

Il existe deux lignes de tramway : l'une relie le centre d'Athènes (départ à Syntagma) à Glyfada au sud et à Néo Faliro au nord du Pirée La seconde relie Néo Faliro, Glyfada et Voula en longeant la côte. Ils circulent lun.-jeu. et dim. 5h-minuit et ven.-sam. de jusqu'à 22h30h.

TITRES DE TRANSPORT MODE D'EMPLOI

Le même ticket est valable pour le bus, le trolleybus, le métro et le tramway. Achat des tickets de bus et tramways aux guichets du réseau (de petites guérites bleues ou jaunes situées à proximité des arrêts).

Ticket unitaire	1,40 €. Il est valide 90 min pour un même trajet, changements de lignes et correspondances métro-tram compris (attention, tarification particulière pour l'aéroport ou les bus express).
Forfait 24h	4,50 €.
5 jours	9 €
Forfait touristique 3 jours	22 €. Il est valable 3 jours dans les transports en commun, et inclue les lignes Express et un A/R en métro aéroport/ville.

EN BUS ET EN TROLLEY
Ils desservent eux aussi plutôt bien l'ensemble de la ville, mais sont soumis aux caprices de la circulation. Les trajets et les stations sont assez clairement indiqués sur les cartes d'Athènes, et des cartes des transports en commun sont distribuées gratuitement à l'office de tourisme (voir p. 183).
T.l.j. 6h30-22h30 (7h30 ven.-sam.).

EN TAXI

MODE D'EMPLOI
Les seuls taxis autorisés sont les taxis jaunes, avec l'enseigne lumineuse sur le toit. Vérifiez que le chauffeur mette bien le compteur à zéro et que celui-ci fonctionne normalement.

TARIFS
La course minimale est de 3,50 €. Le tarif de nuit (minuit-5h) correspond au double du tarif diurne. Il vous faut également ajouter 0,80 € de prise en charge. D'une manière générale, les courses dans la ville varient entre 4 et 10 € selon l'heure et la densité du trafic, et entre 15 et 20 € pour une course à Glyfada, au Pirée ou à Kifissia. Si le chauffeur charge un passager supplémentaire en cours de route (ce qui est une pratique en voie de disparition), à vous de calculer la différence entre la somme affichée au compteur quand vous montez dans le taxi et celle à votre arrivée. Après minuit, évitez de prendre des taxis au port du Pirée, dans les gares ferroviaires ou routières, car les chauffeurs profitent alors de la situation pour imposer leurs règles.
Rens. taxis et plainte : ☎ 10 19.

NUMÉROS UTILES
- **Urgences : ☎ 112**
- **SOS Médecin : ☎ 10 16 www.sosiatroi.gr**
- **Police : ☎ 100**
- **Pompiers : ☎ 199**
- **Consulat de France : Akadimias 6, ☎ 210 33 91 200**

RADIO-TAXIS
Vous pouvez aussi faire appel aux radio-taxis :
Taxiplon ☎ 210 27 73 600 ou 18222 • taxiplon.gr/en.

EN VOITURE
Il est fortement déconseillé de conduire dans Athènes même, les embouteillages sont fréquents et se garer dans le centre, peu aisé (pas de parkings publics, mais des parkings privés). Cela peut cependant être une solution pratique et agréable pour aller au cap Sounion. Si malgré tout, vous souhaitez louer une voiture, vous trouverez les comptoirs des compagnies de location – Avis, Budget, Europcar, Hertz, National/ Alamo et Sixt– à l'aéroport. Dans le centre d'Athènes, tous les loueurs internationaux se trouvent en haut de la rue Syngrou, juste à côté de la place Syntagma. Vous pouvez aussi réserver votre voiture à

l'avance via **Easy Terra**, un site comparatif qui vous fournit le loueur le plus compétitif.

Easy Terra : www.easyterra.f

SE DÉPLACER DANS LES ENVIRONS D'ATHÈNES

LE PIRÉE

Le Pirée est relié par le métro au centre d'Athènes par la ligne 1 (verte), dont c'est le terminus, et par la ligne 3 (bleue).

LA FONDATION NIARCHOS

PAR NAVETTES GRATUITES

Elles relient le centre-ville à la fondation : depuis la place Syntagma (sf. dim. 10h-13h en raison de la relève de la garde) et depuis la station de métro Syggrou-Fix (sur av. Syggrou).

EN BUS

Par les lignes B2 et 550 depuis la station de métro Syggrou Fix, il faut descendre à la station Onasseio et continuer à pied jusqu'à la rue Evripidou.

LA RIVIERA ATHÉNIENNE

EN TRAMWAY

Depuis la place Syntagma, il descend vers le sud de la ville : une ligne prend la direction via Glyfada jusqu'à Voula (compter 1h) ; l'autre rejoint Neo Faliro (40 mn) et ensuite Voula.

EN MÉTRO

Plus rapide que le tramway : prendre le métro jusqu'à la station Elleniko (20 mn., direct depuis Syntagma par la ligne 2) puis le bus 122. Ce bus dessert toute la côte jusqu'à Saronida, notamment Kavouri, Vouliagmeni et les petites criques de Limanakia.

CAP SOUNION

EN BUS

Le cap Sounion est desservi par les bus régionaux **Ktel**. On les prend au terminal Mavromateo à Athènes (métro Viktoria) ; ils mettent environ 2h, en passant soit par la côte soit par les terres.

www.ktelattikis.gr

EN VOITURE

Pour explorer toute la riviera, on peut aussi louer une voiture (voir P. 181).

ÉGINE

PAR BATEAU

Toute proche, l'île est très bien desservie par plusieurs compagnies. Il y a une douzaine de bateaux par jour en hiver (7h-17h30) et jusqu'à une quarantaine en été (7h-20h). Vous avez le choix entre les hydroglisseurs (Flying Dolphins), rapides (40 min), mais peu agréables et chers (14 € l'aller), et les ferries qui mettent entre 1h et 1h30 (8-10 €), bien plus agréables avec leurs salons et leur pont. Les bateaux se prennent au Pirée, porte E8.

Accès sur le quai E8 du Pirée (à 300 m à gauche en sortant du métro Piraeus).

Saronic Ferries

☎ 210 41 17 341
- **www.saronicferries.gr**
- **à partir de 8,50 € l'aller.**

Hellenic Seaways

☎ 210 41 99 200
- **www.hellenicseaways.gr**
- **hydroglisseurs : 25 € A/R env.**

Aegean

☎ 210 42 21 766
- **www.aegeanflyingdolphins.gr**
- **hydroglsseurs : 25 € A/R env.**

ANES

☎ 229 70 25 625
- **www.anes.gr**
- **un ferry : l'Agios Nektarios, 8 € l'aller, 13 € l'A/R.**

Il est conseillé de réserver ses billets à l'avance au moment des fêtes et des week-ends.

Tous les horaires : www.openseas.gr

SE DÉPLACER À ÉGINE

L'île est grande et montagneuse, alors mieux vaut louer une **voiture** ou un **scooter**. Les sociétés de location se trouvent derrière le port et les prix sont à peu près les mêmes partout. Comptez 20 € pour un scooter et 40 € pour une voiture. Faites attention aux conditions de location, surtout en ce qui concerne les frais de réparation en cas d'accident.
On peut également louer un **vélo** (10 €/j), agréable si l'on veut juste longer la côte, notamment jusqu'au petit port de Perdika.
Des **bus** sillonnent l'île (Agia Marina, temple d'Aphaia, Perdika). Les terminus se situent à gauche du port en sortant des ferries.

LES VOYAGISTES

Les forfaits tout compris (vol + réservation d'hôtel) sont souvent un choix plus économique et une formule plus facile. Voici quelques agences qui proposent des forfaits week-end ou court séjour à Athènes :

Héliades : 9, rue de l'Échelle, Paris • ☎ 0892 23 15 23 • www.heliades.fr • **Association Athéna :** 274, rue de Créqui, Lyon • ☎ 04 78 16 04 44 • www.athenavoyages.com

Pensez également à consulter les voyagistes plus généralistes tels que :

Go Voyages : www.govoyages.com

Comptoir des voyages : www.comptoir.fr

Opodo : www.opodo.fr

Voyageurs du Monde : www.voyageursdumonde.fr

INFOS TOURISTIQUES / VISITE

OFFICES DE TOURISME

BUREAU D'INFORMATION D'ATHÈNES :
18-20, Dionyssiou Areopagitou (C5) • M° Akropoli • ☎ 210 33 10 392 ou 210 33 10 716 • Lun.-ven. 8h-20h, sam.-dim., j.f. 10h-18h.

OFFICE DE TOURISME :
www.visitgreece.gr

BUREAU D'INFORMATION DE L'AÉROPORT ÉLEFTHÉRIOS-VENIZÉLOS :
Hall des arrivées : ☎ 210 35 30 445 ou 210 35 30 448 • Lun.-ven. 9h-19h.

VISITES GUIDÉES

À PIED

Athens Walking Tour
Organise des circuits guidés dans la ville : Athènes et l'Acropole (3h15, 39 €), Athènes, l'Acropole

Jours fériés et fêtes

Nouvel An ; Épiphanie *(6 janvier), à Athènes, bénédiction de la mer au port du Pirée*

Lundi pur : *41 jours avant Pâques (premier jour du carême) et fête des cerfs-volants*

Fête de l'Indépendance : *25 mars*

Vendredi saint : *17 avril 2020, 30 avril 2021*

Lundi de Pâques : *20 avril 2020, 3 mai 2021*

Fête du travail : *1er mai*

Lundi de Pentecôte : *17 juin 2020, 21 juin 2021*

Assomption : *15 août*

Jour du Non : *28 octobre*

Noël et le 26 décembre.

Les musées moins importants ou privés sont généralement ouverts : 10h-18h et f. lun. ou mardi. Plusieurs musées proposent une nocturne le jeu. ou ven.

Les jours fériés, musées et monuments sont fermés ou observent des horaires très réduits. Les églises sont généralement ouvertes 8h30-12h.

BILLETS COMBINÉS

Le billet combiné **« Sites archéologiques »** (30 €) permet d'accéder librement aux lieux antiques. Valable 4 jours, il s'achète aux guichets de chacun de ces sites.
Un autre billet combiné (15 €) permet l'accès libre au Musée archéologique national, au Musée numismatique, au Musée chrétien et byzantinet au Musée épigraphique.

DORMIR À ATHÈNES

HÔTEL OU HOSTEL

- Les tarifs des hôtels varient fortement selon la saison : de juillet à septembre, ils font des bonds de 50 %. En moyenne, comptez 50 € la nuit dans une auberge de jeunesse, entre 70 et 120 € dans un hôtel de charme et plus de 200 € dans un hôtel de luxe… En règle générale, le petit déjeuner est inclus.
- **Location d'appartement** C'est une solution intéressante pour un séjour entre amis, en famille ou si l'on souhaite tout simplement se fondre dans la vie locale. Consultez les disponibilités sur **www.airbnb.fr, www.booking.fr, www.wimdu.fr ou www.9flats.com**

Retrouvez notre sélection d'adresses ci-contre.

BONS PLANS INTERNET

Sur Internet, les promotions et les bonnes affaires sont fréquentes, et ce, quelle que soit la période. Pour bénéficier du meilleur tarif, allez en priorité sur le site de l'hôtel choisi, puis consultez les différents sites comparatifs de prix tels :
www.trivago.fr
www.hotels.com
et www.booking.com

Nos hôtels PAR QUARTIER

L'ACROPOLE, SON MUSÉE ET KOUKAKI Quartier 1 - p. 24

PHILIPPOS

Situé à deux pas de l'Acropole, au calme, cet hôtel présente un très bon rapport qualité-prix. L'atrium planté de verdure est appréciable aux beaux jours.

3, Mitseon (C5), M° Akropoli
• ☎ 210 92 23 611/3
• www.philipposhotel.gr • De 80 à 120 €.

HERA HOTEL

Décoration élégante, boiseries et fauteuils de cuir... les chambres de cet hôtel chaleureux ont un véritable cachet. La terrasse offre une vue dégagée sur l'Acropole.

9, Falirou (C5) , M° Akropoli
• ☎ 210 92 36 682 • www.herahotel.gr
• De 100 à 275 €.

ART GALLERY

Un petit hôtel deux étoiles au charme désuet mais sympathique avec toutes ses toiles aux murs et ses meubles anciens. Accueil chaleureux de la propriétaire. Il bénéficie d'une situation agréable dans le quartier de Koukaki. Une adresse plutôt bon marché.

5, Erechtheiou (C5), M° Akropoli
• ☎ 210 92 31 933
• https://www.artgalleryhotel.gr
• De 55 à 95 €

PLAKA Quartier 2 - p. 34

NEW HOTEL

Fan de design ? Cet hôtel chic de la chaîne hôtelière Yes est pour vous ! Un décor étonnant fait de bois et de matières recyclées dans chacune des 79 chambres spacieuses et tout confort. Spa, hammam et resto (brunchs extra le dimanche).

16, Filellinon (C4), M° Syntagma
• ☎ 210 32 73 000 • www.yeshotels.gr
• De 180 à 350 €.

ELECTRA PALACE

Au cœur de Plaka, cet hôtel élégant est idéalement situé. Une déco néoclassique très chic, 100 chambres traditionnelles dont 33 ont vue sur l'Acropole, et 11 suites. Le toit-terrasse abrite une piscine et un bar-restaurant.

18, Nikodimou (C4), M° Syntagma
• ☎ 210 33 70 000
• www.electrahotels.gr
• De 170 à plus de 300 €.

ELECTRA METROPOLIS

Autre établissement des hôtels du groupe Electra, ce 5 étoiles moderne au style rétro chic. Perchés au 10e étage, bar, restaurant et piscine jouissent d'une vue inouïe sur l'Acropole.

15, Mitropoleos (C4), M° Syntagma, • ☎ 214 10 06 200 • www.electrahotels.gr • À partir de 216 € la double, petit déjeuner inclus.

THE ZILLERS BOUTIQUE HOTEL

Ravissant petit hôtel aménagé dans une maison néoclassique, au style à la fois épuré et rétro, avec quelques meubles vintage. Il est idéalement situé, face à la place de la Métropole. On prend son petit déjeuner (excellent !) avec vue sur l'Acropole sur le roof garden, qui abrite aussi le restaurant gourmet.

54, Mitropoleos (C4), M° Monastiraki • ☎ 210 32 22 277 • www.thezillersathenshotel.com • À partir de 150 € la double.

HOTEL PHAEDRA

Très agréablement situé sur une petite place au calme de Plaka, à deux pas du musée de l'Acropole. Les chambres sont très modestes, voire spartiates, l'accueil est chaleureux. Superbe vue sur l'Acropole depuis la terrasse et certaines chambres.

16, Cherefontos (C4), M° Monastiraki • ☎ 210 32 38 461 • www.hotelphaedra.com • De 50 € à 80 €.

MONASTIRAKI ET L'ANCIENNE AGORA Quartier 3 - p. 42

A FOR ATHENS

Un hôtel bien connu pour son bar (voir p. 136) situé sur le toit-terrasse donnant sur la place Monastiraki, mais le succès de celui-ci rend l'hôtel bruyant... Les 35 chambres sont modernes et très bien équipées. Sa situation centrale est idéale pour sillonner le centre-ville à pied. On prend son petit déjeuner face à l'Acropole !

2-4, Miaouli (B-C3), M° Monastiraki • ☎ 210 32 44 244 • www.aforathens.com • De 150 € à 200 €.

HÔTEL ATTALOS

Dans l'une des rues les plus fréquentées d'Athènes, l'hôtel Attalos est confortable et correct pour sa catégorie. Les chambres, plutôt petites et au décor moderne, certaines avec un petit balcon, ont une vue dégagée. De son toit-terrasse, on a une vue panoramique sur l'Acropole, la colline du Lycabette et la ville

29, Athinas (C3), M° Monastiraki • ☎ 210 32 12 801 • www.attaloshotel.com • De 80 € à 150 € ; petit déjeuner : 8 €.

PSIRI ET LA PLACE AGIAS IRINIS Quartier 4 - p. 48

CITY CIRCUS

Une auberge de jeunesse installée dans une demeure du début du XXe s. entièrement restaurée. On adore le mélange entre les volumes baroques, les meubles vintage et la déco street art. Dortoirs pour 4, 6 ou 8 personnes et chambres doubles privatives tout confort. Les plus : le petit déjeuner, l'accueil chaleureux et le petit toit-terrasse.

16, Sarri (B3), M° Monastiraki ou Thissio • ☎ 213 02 37 244 • www.citycircus.gr • De 20 à 70 €.

THE FOUNDERY

Ce bâtiment industriel – on y fondait des lettres d'imprimerie – s'est métamorphosé en hôtel-appartement aux murs végétalisés. Déco contemporaine et vintage. Toit-terrasse avec vue panoramique.

40, Sarri (B3), M° Monastiraki ou Thissio • ☎ 211 18 24 604 • www.thefoundryhotelathens.com • 13 studios et appartements de 100 à 180 €, petit déjeuner inclus.

ARION ATHENS HOTEL

Un petit boutique hôtel au décor et mobiler contemporains, bien situé à Psiri. Les chambres doubles ou triples ainsi que les deux suites sont élégantes et confortables. Sa terrasse jouit d'une vue exceptionnelle sur Athènes. Le personnel est accueillant, le lobby et le bar offrent des espaces conviviaux.

18, Agiou Dimitriou (B-C3) M° Monastiraki • ☎ 211 32 40 415 • www.arionhotel.gr • De 60 € (hors saison) à 120 €.

FRESH HOTEL

Un hôtel qui a le vent en poupe dans un quartier qui est un peu en déshérence – la rue est notamment un peu glauque –. Une impression démentie dès les portes franchies. La réception est rose flashy, mais la déco des chambres est zen ! Profitez du petit déjeuner gargantuesque et de la terrasse avec bar-restaurant et piscine.

26, Sokoleous (B-C3), M° Omonia ou Monastiraki • ☎ 210 52 48 511 • www.freshhotel.gr • De 70 € à 250 €.

GRECOTEL PALLAS ATHENA

Un hôtel chic situé à côté de l'hôtel de ville. Il comprend 63 chambres et suites lumineuses à l'esprit arty. Les suites sont parfaites pour un séjour à 3 ou 4 personnes. Vous adorerez le lounge bar et ses œuvres d'art. Demandez une chambre sur rue.

65, Athinas (C2), M° Omonia ☎ 210 32 50 900 • www.grecotelpallasathena.gr • De 140 € à 300 €.

SYNTAGMA ET LE JARDIN NATIONAL Quartier 6 - p. 60

NIKI HOTEL

Près de la place Syntagma, un petit hôtel idéal pour visiter la plupart des sites aisément à pied. Récemment restauré, ses 22 chambres et la suite agréables et bien conçues ont un décor contemporain chic.

27, Nikis (C4), M° Syntagma • ☎ 210 32 20 913 • www.nikihotel.gr • De 70 à 130 €.

WE SAW ATHENS

Véritable coup de cœur pour ces studios et appartements lumineux et bien pensés, idéalement placés entre Syntagma et Monastiraki. Ils ont été aménagés et sont gérés par deux architectes, dans un petit immeuble des années 1930.

28, Perikléous, M° Syntagma • ☎ 210 95 86 526 • www.wesawathens.gr • 3 studios et deux appartements de 70 à 110 €, sans petit déjeuner.

HOTEL GRANDE-BRETAGNE

Ce mythique palace est un bijou d'architecture néoclassique. 290 chambres, 37 suites, une piscine couverte et une piscine sur le toit, un Spa et un restaurant suspendu combleront les globe-trotters de luxe !

1, Vasileos Georgiou A' (D3), M° Syntagma • ☎ 210 33 30 000 • www.grendebretagne.gr • De 275 € à 350 €.

N.J.V. ATHENS PLAZA

Des chambres très confortables, décorées avec goût, et une situation parfaite à quelques minutes à pied de Plaka, de Kolonaki et du Jardin national.

2, Vasileos Georgiou A' (D3), M° Syntagma • ☎ 210 33 52 400 • www.njvathensplaza.gr • De 160 € à 280 € ; petit déjeuner : 18 €.

KOLONAKI ET LYCABETTE Quartier 8 - p. 68

COCO-MAT ATHENS

Un hôtel design pour goûter à l'incroyable confort de la marque Coco-mat, célèbre pour sa literie en fibres naturelles. L'entrée se fait par le showroom de la boutique.

36, Patriarchou Ioakeim, M° Kolonaki, • ☎ 210 72 30 000 • www.cocomatathens.com • À partir de 160 € pour deux, petit déjeuner inclus.

ST GEORGE LYCABETTUS

L'un des plus beaux et des plus luxueux hôtels d'Athènes. Vue exceptionnelle sur la ville, chambres au style contemporain, superbe piscine sur le toit.

2, Kleomoenous (D3), M° Evangelismos • ☎ 210 74 16 000 • www.sglycabettus.gr • De 130 € à 250 €, petit déjeuner non-inclus.

L'ÎLE D'ÉGINE Visite 13 - p. 94

AEGINITIKO ARCHONTIKO

Une petite pension de charme située en retrait du port d'Égine, dans une belle maison néoclassique rouge. Neuf chambres petites mais mignonnes et une suite formée de deux chambres doubles. Extraordinaire petit déjeuner préparé par Rena.

Ag. Nikolaou & Thomaidou 1 • ☎ 229 70 24 968 • https://aeginitiko-archontiko.atticahotels.net • 40 à 50 € la double, petit déjeuner inclus

LA CONCIERGERIE ÉGINE

La Française Isabelle Zigliara propose une douzaine d'adresses (appartements ou villas) ayant une âme pour vivre sur l'île comme un local. Notre coup de cœur : des studios situés dans la superbe propriété d'un peintre majeur du XXe s. (studios Nikolaou, à côté de la mer et à 10 min. à pied du port).

☎ 06 63 22 02 67 (tel français) • www.laconciergerie-egine.com • À partir de 60 €.

Lexique

USUELLES

Oui : ***né***
Non : ***ochi***
Bonjour : ***kaliméra***
Bonsoir : ***kalispéra***
Au revoir : ***gia sas*** (salut à vous et aussi bonjour) et ***gia sou*** (salut à toi)
Je ne comprends pas : ***dhène katalavéno***
Madame : ***Kiria***
Monsieur : ***Kirié***
Merci : ***efxharisto***
Excusez-moi : ***mé sinexhorité***
S'il vous plaît : ***parakalo***

ESPACE ET TEMPS

Où se trouve... ? : ***pou iné... ?***
Comment aller à... ? : ***posse boro na pao... ?***
Droite : ***dheksia***
Gauche : ***aristéra***
Tout droit : ***efthia***
Près : ***konneda***
Lundi : ***dheftéra***
Mardi : ***triti***
Mercredi : ***tétarti***
Jeudi : ***pèmepti***
Vendredi : ***paraskévi***
Samedi : ***savato***
Dimanche : ***kiriaki***

SHOPPING

Combien coûte ceci ? : ***posso kani ?***
J'aimerais... : ***tha ithéla...***
Avez-vous... ? : ***échété... ?***
Acceptez-vous les cartes de crédit ? : ***dhechesté pistotikès kartesse ?***
Grand : ***mégalo***
Petit : ***micro***
Cher : ***akrivo***
La boulangerie : ***o fournosse***
La banque : ***i trapéza***
La librairie : ***to vivliopolio***
La pâtisserie : ***to zacharoplastio***
La pharmacie : ***to pharmakio***
Le marché : ***i laiki agora***
Le supermarché : ***« supermarket » / i peragora***

EN VILLE

L'église : ***i éklisia***
Le jardin : ***o kiposse***
La bibliothèque : ***i vivliothiki***
Le musée : ***to mousio***
La rue : ***o dhromosse***
La station de bus : ***o stathmos léoforione***
Le train/le métro : ***to tréno***
L'office de tourisme : ***o EOT***
Le port : ***to limani***
Le ferry : ***to feribote***
Le billet aller-retour : ***isitirio mé épistrofi***
Un aller simple : ***aplo isitirio***
Entrée : ***i issodhos***
Sortie : ***i éksodhos***
Ouvert : ***anichta***
Fermé : ***klista***

À L'HÔTEL

Avez-vous une chambre de libre ? : ***échété dho matia*** ?
Chambre double avec un grand lit : ***dhiklino mé dhiplo krévat***i
Chambre individuelle : ***monoklino***
Chambre avec bain : ***dhomatio mé banio***
La douche : ***to douz***
J'ai réservé : ***éxho kani kratisi***

AU RESTAURANT

Avez-vous une table ? : ***échété trapezi ?***
L'addition s'il vous plaît : ***tome logariasmo***
Le menu : ***to katalogos***
La carte des vins : ***to katalogos mé ta inopnevmatodhi***
Le verre : ***to potiri***
L'eau : ***to néro***
La bouteille : ***to boukali***
Le couteau : ***to machéri***
La fourchette : ***to pirouni***
La cuillère : ***to koutali***
Le petit déjeuner : ***to proïno***
Le déjeuner : ***to mésimériano***
Le dîner : ***to dhepno***
Le plat du jour : ***to piato tis iméra***
Le café : ***to kafénéio***
Le pain : ***to psomi***
Le dessert : ***to gliko***
Le poisson : ***to psari***
Le fromage : ***to tiri***
Vin rouge : ***krasi kokino***
Vin blanc : ***krasi lefko***
Vin rosé : ***krasi rozé***
Sel : ***alati***
Poivre : ***pipéri***
Thé : ***tsaï***

LES NOMBRES

Un : ***éna***
Deux : ***dhio***
Trois : ***tria***
Quatre : ***tessera***
Cinq : ***pennedé***
Six : ***eksi***
Sept : ***epta***
Huit : ***oxhto***
Neuf : ***énéa***
Dix : ***dhéka***
Onze : ***ènedhéka***
Douze : ***dhodhéka***
Vingt : ***ikosi***
Vingt et un : ***ikosiéna***
Trente : ***trianeda***
Quarante : ***saraneda***
Cinquante : ***eksineda***
Cent : ***ékato***
Deux cents : ***dhiakosia***
Mille : ***chilia***
Deux mille : ***dhiochiliadhès***

Index

CRÉDIT PHOTOGRAPHIQUE

Intérieur

Les photographies de cet ouvrage ont été réalisées par **Jérôme Plon** à l'exception de celles pages suivantes :

Jean-Christophe Godet : p. 6 (ht) ; p. 7 (ht) ; p. 9 (ht) ; p. 22 ; p. 69 ; p. 80 ; p. 106.

Romain Boutillier : p. 9 (c.) ; p. 11 (c.) ; p. 25 ; p. 49 ; p. 76 ; p. 77 ; p. 84 ; p. 106 ; p. 107 ; p. 109 ; p. 113 ; p. 118 ; p. 122 ; p. 126 ; p. 135 ; p. 138 ; p. 150 ; p. 158 ; p. 163 ; p. 167 ; p. 170 ; p. 173.

Maud Vidal-Naquet : p. 1 ; p. 8 ; p. 9 (b.) ; p. 10 (ht, b.) ; p. 11 (ht) ; p. 12 (b.) ; p. 13 (ht, c.) ; p. 16 ; p. 31 ; p. 53 ; p. 81 ; p. 99 ; p. 101 (ht.,b.) ; p. 101 ; p. 102 ; p. 110 ; p. 111 ; p. 112 (ht., b.) ; p. 115 ; p. 117 ; p. 119 (ht., b.) ; p. 121 ; p. 124 ; p. 125 ; p. 132 ; p. 133 (ht, b.) ; p. 134 ; p. 137 ; p. 139 (ht., b.) ; p. 140 ; p. 141 ; p. 142 ; p. 144 ; p. 146 ; p. 147 ; p. 151 ; p. 153 ; p. 159 (ht, b.) ; p. 160 ; p. 172 (ht., b.).

Shutterstock : p. 2 : Tayfun Yaman ; p. 5 (c.) : Georgios Tsichlis ; p. 11 (b.) : Stavros Argyropoulos ; p. 12 (ht) : Dimitrios ; p. 17 (b.) : Alla Khananashvili ; p. 21 : T. Slack ; p. 40 : Stratos Giannikos, p. 43 : Ozgur Guvenc ; p. 46 : markara ; p. 50 : Baloncici ; p. 56 : Andronosh ; p. 59 : Milan Gonda ; p. 67 : saiko3p, ; p. 70 : WKanadpon ; p. 73 : lindasky76 ; p. 85 : Aerial-motion ; p. 91 : Marie Linner ; p. 96 : Tatiana Popova ; p. 128 : Fabrizio Conte ; p. 131 : Viacheslav Lopatin ; p. 154 : Tom Jastram.

Hemis : p. 28, 63, 71 : Jon Arnold Images ; p. 32 : René Mattès ; p. 169 Ludovic Maisant.

AdobeStock : p. 10 (c.), 90 : photo-Stella ; p. 61 darioracane ; p. 72 Didier San Martin ; p. 87 milangonda ; p.92-93 : Bernard63

© Camille Dupont : p. 136 (ht., b.), p. 137, p. 175 ; © Laurent Fabre : p. 3 (ht) ;
© Julie Wood : p. 52

L'éditeur adresse ses sincères remerciements pour leur aimable collaboration et leur autorisation de reproduction de leur œuvre:
© Stavros Niarchos Foundation Cultural Center, Athens - Renzo Piano Building Workshop, architects en collaboration avec Betaplan (p. 10 ht, p. 16, p. 87).
© Dreyk the Pirate (p. 11 ht).
© Athens Municipal Gallery/G. Stamou (p. 58).
© Alex Kataras et Tina Kyriakis/Alternative Athens (p. 51).

Couverture

Plat 1 : Ruelle de Plaka, © The French wanderess (visuel principal) ; L'Acropole et le Parthénon ©Jean-Pierre Lescourret/hemis.fr (bas).
Plat 4 : L'île d'Égine © CSP_karapas/agefotostock (haut) ; Café du Musée numismatique d'Athènes © Romain Boutillier (bas).

Dernière édition revue et enrichie par **Maud Vidal-Naquet.**
Éditions antérieures revues et augmentées par **Renée Grimaud, Marjolaine Koch** et **Céline Faucon**.
Édition originale établie par **Anne Desnos** et **Alix Delalande**.

Direction : Nathalie Bloch-Pujo
Direction éditoriale : Cécile Petiau
Édition : Marine Barbier-Blin, Camille Dupont, Émilie Lézénès, Géraldine Péron, Adam Stambul, Julie Wood
Lecture-correction : Marie-Pia Verguin
Ont également collaboré à cet ouvrage : Léane Devis, Linda Talatas, Ionah Vasseur
Cartographie : Frédéric Clémençon et Aurélie Huot
Fabrication : Liza Sacco

Conception graphique de la couverture et de la maquette intérieure : Caroline Joubert • www.atelier-du-livre.fr
Mise en pages intérieure : Maogani

Contact presse : rmazef@hachette-livre.fr - ☎ 01 43 92 36 66

Aussi soigneusement qu'il ait été établi, ce guide n'est pas à l'abri des changements de dernière heure, d'erreurs ou omissions. Ne manquez pas de nous faire part de vos remarques. Informez-nous aussi de vos découvertes personnelles, nous accordons la plus grande importance au courrier de nos lecteurs :

Guides Un Grand Week-end - Hachette Tourisme - 58, rue Jean-Bleuzen, 92 170 Vanves
weekend@hachette-livre.fr
Facebook @GuidesUnGrandWeekend • **Instagram** @ungrandweekend • **Twitter** @ungrandweekenda

Édité par Hachette Livre (58, rue Jean-Bleuzen, CS 70007, 92 178 Vanves Cedex)
Imprimé par Polygraf (Capajevova 44, 08199 Presov, Slovaquie)
Achevé d'imprimer : février 2020
ISBN : 978-2-01-706360-5 - 51-5553-0
Dépôt légal : mars 2020 - Collection n°44 - Édition : 01